金融支持城乡融合

机制与实践

谭智心 徐珍源◎主 编

冯丹萌 郭金秀◎副主编

Financial Support for Urban-Rural Integration:
Mechanisms and Practices

经济管理出版社
ECONOMY & MANAGEMENT PUBLISHING HOUSE

图书在版编目（CIP）数据

金融支持城乡融合：机制与实践 ／ 谭智心，徐珍源主编；冯丹萌，郭金秀副主编. -- 北京：经济管理出版社，2024. -- ISBN 978-7-5243-0115-8

Ⅰ. F299.21

中国国家版本馆 CIP 数据核字第 20241CN776 号

组稿编辑：曹　靖
责任编辑：郭　飞
责任印制：许　艳
责任校对：王淑卿

出版发行：经济管理出版社
　　　　　（北京市海淀区北蜂窝 8 号中雅大厦 A 座 11 层　100038）
网　　址：www.E-mp.com.cn
电　　话：(010) 51915602
印　　刷：北京晨旭印刷厂
经　　销：新华书店
开　　本：720mm×1000mm/16
印　　张：14.25
字　　数：219 千字
版　　次：2024 年 12 月第 1 版　　2024 年 12 月第 1 次印刷
书　　号：ISBN 978-7-5243-0115-8
定　　价：88.00 元

前　言

　　城乡关系是经济社会发展过程中最为基本和重要的关系，处理好城乡关系是世界上任何致力于实现现代化的国家都无法回避的现实问题。对我国这样一个人口众多，特别是农村人口占很大比重的国家而言，城乡关系的调整变化，对整个经济社会的发展都会带来重大影响，在一定程度上将关系到中国式现代化建设的成败。纵观我国近代史，在中国共产党带领人民开展新民主主义革命、社会主义革命和建设、改革开放和社会主义现代化建设、新时代中国特色社会主义建设的历史进程中，始终伴随着正确认识城乡关系、深入总结城乡发展规律、科学指引城乡发展方向的理论与实践发展过程。

　　从中华人民共和国成立到改革开放前，为确保工业和城市优先发展战略的顺利推进，我国开始建立和施行城乡分治的政策体系，并通过工农产品价格"剪刀差"这种以农补工的形式，逐步建成了比较完整的工业体系和国民经济体系，使城市实现了较快发展，但城乡二元结构由此形成，并成为制约我国经济社会协调发展的制度性因素。进入 21 世纪，特别是自党的十六大以来，党和国家从我国经济社会发展所处历史阶段与世情国情农情出发，开始实行工业反哺农业、城市支持农村的战略方针，采取"多予少取放活"的政策取向，2004 年至今，连续 21 年每年都出台关于"三农"问题的中央一号文件，释放出重农惠农的强烈信号。从党的十六大提出"统筹城乡经济社会发展"战略思想，到党的十七大提出"形成城乡经济社会发展一体化"战略格局，到党的十八大提出"形成以工促农、以城带乡、工农互惠、城乡一体的新型工农城乡关系"，到党的十九大提出"建立健全城乡融合发展体制机制和政策体系"，到党的二十大再次强调"着力推进城乡融合和区域协调发展"，充分体现了党和国家对我国城乡关系发展问题的高度关注与认识的不断深化。这期间，以家庭承包经营为基础、统分结合的双层经营体制得到巩固和完善，取消了农业税，对农民进行直接补贴，实施了新型农村合作医疗、免费义务教育和最低生活保障制度，启动了社会主义新农村建设，实施了乡村振兴战略，打赢了脱贫攻坚战，全面建成了小康社会，加快推进农业农村现代化和农业强国建设，使广大农民享受到越来越多的公共服务和改革红利，推动我国工农城乡关系发生了历史性转变。

城乡融合发展是经济社会发展的必然趋势，是中国式现代化的必然要求，也是建设现代化国家的必由之路。习近平总书记指出，要推动城乡融合发展见实效。振兴乡村，不能就乡村论乡村，还是要强化以工补农、以城带乡，加快形成工农互促、城乡互补、协调发展、共同繁荣的新型工农城乡关系。他强调："要把乡村振兴战略这篇大文章做好，必须走城乡融合发展之路""把县域作为城乡融合发展的重要切入点，推进空间布局、产业发展、基础设施等县域统筹"。党的二十届三中全会将"完善城乡融合发展体制机制"写入中央文件，进一步要求"必须统筹新型工业化、新型城镇化和乡村全面振兴，全面提高城乡规划、建设、治理融合水平，促进城乡要素平等交换、双向流动，缩小城乡差别，促进城乡共同繁荣发展"。历史经验证明，推动城乡融合发展是破解我国城乡二元结构、统筹新型城镇化和乡村全面振兴、实现全体人民共同富裕的重要举措。自党的十八大以来，我国进入城乡融合发展新阶段，各地立足自身资源禀赋条件和经济社会发展阶段，逐渐探索出城乡一体化发展、专业功能化创新、工农互促融合、生态资源利用、农业产业高质量发展、农村劳动力有序转移等多种城乡融合发展典型模式，城乡之间的空间布局、基础设施、公共服务、产业发展、产品流通、要素支撑、合作交流等进一步加强，城乡居民收入差距进一步缩小，城乡融合体制机制逐步建立健全，以县域为载体的新型城镇化和以农业农村优先发展为理念的乡村全面振兴正在稳步推进。

金融是现代文明的核心，建立健全助力城乡融合发展的现代金融体系是全面建设社会主义现代化国家的必然要求，也是践行以中国式现代化全面推进中华民族伟大复兴的题中应有之义。在推动城乡融合发展的过程中，金融机构立足自身定位和优势，围绕助力新型城镇化和乡村全面振兴，把县域作为城乡融合发展的重要切入点，着力推进空间布局、产业发展、基础设施、公共服务等县域统筹，在搭建城乡交流服务平台、服务多元主体需求、促进城乡要素流动、助力盘活农村资产、推进农民农村共同富裕、加强信用体系建设、推动城乡基础设施一体化和公共服务均等化等方面发挥了应有的功能和作用。但也存在农村金融相对薄弱、金融产品与服务供需不相匹配、同业市场竞争激烈、配套政策制定相对滞后、数字金融发展瓶颈突出、逆城镇化地区金融供给转型压力较大等一系列问题和挑战，亟需加大研究力度、明确发展思路、加快改革创新、完善配套制度，切实将服务城乡融合大局落到实处。

进入新时代，针对城乡融合发展面临的新格局、新需求、新挑战，金融部门和各类金融市场主体需充分认识、理解和把握城乡融合发展过程中城乡结构转型特征及其发展趋势，将服务城乡融合作为战略方向，将支持县域发展作为战略重点，将服务新型城镇化和乡村全面振兴作为战略路径，重点在城乡基础设施建设、城乡基本公共服务、县域富民产业与农民增收、县域科技装备与绿色发展、拓展提升县域内新市民金融服务水平等领域加大金融支持力度，大力支持探索城乡融合发展的新兴战略领域，在土地城镇化、产业城镇化、人的城镇化以及乡村发展、乡村建设、乡村治理等方面加强适配城乡融合场景的金融产品与服务创新，建立健全金融服务城乡融合发展组织架构，完善金融支持城乡融合发展政策体系和配套措施，加快推进和强化基于数字化转型的金融基础设施建设和金融科技支撑，推动金融在我国城乡融合发展大潮和以中国式现代化全面推进中华民族伟大复兴的新征程中发挥应有的功能和作用。

2024 年 8 月 1 日

目　录

【机制篇】

一、金融在城乡关系发展不同阶段的定位与功能

（一）城乡发展理论文献主要观点

1. 马克思城乡关系理论

（1）时代背景。

工业革命带来社会生产力的突破，城市迅速崛起，加快夺取农村资源的速度，城乡发展矛盾逐渐显露，在此背景下马克思恩格斯城乡关系理论形成。18世纪60年代，工业革命在英国迅速展开，浪潮随即席卷欧洲大地。在大机器生产带动下，社会生产力得到普遍提升，最大的表现就是大规模的城市化。同时，城市在工业化的推动下，吸收和利用资源变得更快，加快了夺取农村资源的速度，资本主义社会阶级矛盾越发尖锐，城市和乡村出现显著差距。在这样的时代背景下，马克思和恩格斯关注到了城乡发展逐渐显露的矛盾，城乡关系理论应运而生。

一方面，工业革命带来的最突出的变化就是社会生产力的提高，进而加快了城市化进程。大机器生产让生产力迅速得到提升，正如马克思指出："资产阶级在它的不到一百年的阶级统治中所创造的生产力，比过去一切时代创造的全面生产力还要多、还要大。"[1] 由此带来劳动生产率不断提高，而资本家为了获取更多的剩余价值，也需要更多的劳动力用于扩大生产规模。此时，劳动力向工业发达的地区聚集，并推动了城市化步

伐。另一方面，资本主义生产关系私人占有条件下，导致农村与城市差距进一步拉大。工业革命不仅带来了生产力的发展，还促进了现代水陆交通的发展，使得城市与乡村的联系更加紧密。如此一来，城市对人口的吸引得到了实现，越来越多的劳动力向城市转移，城市化规模也越来越大，而农村则逐渐被忽视。同时，农产品等其他资源也随着便利的交通转向城市，便利了城市对农村资源的夺取，使得农村丧失发展活力，城乡矛盾更加尖锐。

（2）理论演变。

早在马克思和恩格斯对城乡关系展开探讨前，西方就有学者针对城乡关系进行了研究，这也成为马克思恩格斯城乡关系理论形成的基础，这些理论主要包括古典政治经济学理论和空想社会主义。

古典政治经济学理论从生产力角度出发，解释了城乡分离的原因。詹姆斯·斯图亚特认为，购买力与生产力无法匹配时会导致劳动剩余的出现，并指出劳动力从农业生产中抽离出来去进行非农生产，能够解决劳动剩余的问题，并使得劳动产品满足不同需求。威廉·配第、大卫·李嘉图分别从工业和农业的收益、工业和农业的生产效率出发，解释工业发达的城市占主导以及城乡差距拉大的原因。亚当·斯密认为，生产力发展和社会分工造成了农业和工商业、乡村和城市的分离，同时城市对农村资源的吸取进一步导致农村凋敝。除此之外，亚当·斯密有关城乡关系发展会在市场的作用下走向协调发展，也对马克思恩格斯城乡关系理论的形成产生重要影响。

空想社会主义对和谐、美的城乡关系做了美好构想，丰富城乡关系发展的可能结果。欧文主张教育和劳动相结合，重视教育在城乡关系中的重要地位；并主张在没有私有制的社会下，劳动产品按需分配。托马斯·莫尔持有相同的主张，并进一步强调了劳动参与中的人人平等。傅里叶构建了法郎吉理想社会，在这个社会中，工业和农业共同发展，而且社会分工是一种和谐的劳动分工制度。

马克思和恩格斯在批判汲取上述有关城乡关系理论的基础上，对城乡关系进行了深入的探索和理论创新，形成了自己的城乡关系理论。认为城乡关系是社会生产力发展的结果，城乡关系会经历从城乡同一、城乡对立到城乡融合的流变：生产力的发展使城乡分化，造成城乡分离与对立。相对应地，生产力的发展也为城乡融合提供了物质条件，并对生产资料私有制产生冲击，最终私有制灭亡，城乡之间对立也将消失。

早期人类社会生产力低下，城乡界限尚不明显，城市和乡村处于同一状态。马克思和恩格斯认为，在人类社会发展的蒙昧时期，社会依附于自然，没有其他可以使自身获得发展的工具，人类社会混沌一体，不存在城市与乡村的差别。后来，随着人类逐渐开始学会使用和制作工具来提升自身的生存与发展，食物变得丰富且稳定性提高，人类逐步拥有迁徙、定居的能力，村落在生产力的发展下逐步萌芽。在这一阶段，尽管生产力开始发展，但社会整体生产力还是低下，城乡差别不大，尚不具备真正意义上的城市与乡村的概念，即城乡关系呈现同一状态。

随着生产力的发展和社会分工的出现，城市与乡村出现对立。生产力的发展与人类社会发展同步，生产的复杂多样及其技术的飞速改进，使生产活动不再由一个人进行，于是社会分工出现，手工业从农业中分离出来，并随着商品交换规模的扩大而形成了以贸易为主要活动的早期的城市，城乡关系自然地走向分离和对立。工业革命的兴起使生产力发生了翻天覆地的变化，手工业在大机器生产的基础上，生产效率、利润迅速提高；相反，农业生产效率仍低下、利润不高。如此一来，随着社会分工进一步深化，商业从业者不再从事劳动生产，城镇化不断发展起来。同时，在城市工商业的利润牵引下，农村人口大量转移到城市，再加上城市对农村其他资源的夺取，城市经济得到快速发展，城乡对立越发激烈。

城乡融合是生产力进入高度发达后的最终的和谐状态。马克思和恩格斯认为，城乡对立是城乡关系发展的必经阶段，但城乡关系的最终关系必将是城乡融合，而这种状态只有在生产力达到高度发展的前提下才能实现。首先，城乡关系对立所造成的一切社会问题，成为整个社会发展的阻碍，消除城乡对立、实现城乡融合是城乡关系发展的实际需求与必然结果。具体来看，城市与乡村的对立不仅会对乡村发展造成阻碍，也会影响城市发展——城市人口过度聚集使城市住房紧张，环境污染等问题严重；农村空心化问题严重，资源被运输到城市，农村长期孤立无援，这些社会问题均会在不可逆的社会发展中得到破解，正如恩格斯所说："消灭城乡对立不是空想……消灭这种对立日益成为工业生产和农业生产的实际需求。"[2] 其次，高度发达的生产力是实现城乡融合的物质条件。马克思恩格斯认为，城乡对立是可以消除的，但不是在这个时期。只有在生产力高度发达、物质资料极度丰富的共产主义社会，私有制被废除，全体社会成员共同地利用生产力，共同享有全社会创造的福利，才能消除城乡对立。此时，生产力在工业与农业、城市与农村中合理分配，城市不再单一发展，而是城乡均衡协调发展，最终城乡融合取代城乡对立。

2. 西方经济学相关理论

城乡关系一直是西方经济学界研究的热点话题，自荷兰经济学家伯克通过对印度尼西亚社会结构的研究，首次提出"二元结构"后，西方经济学家对城市与乡村二元经济结构的研究不断增多，不同时期形成了不同观点的城乡发展理论。通过梳理西方学者的经典观点，既是对城乡关系理论古往今来的深刻把握，对现实世界城乡关系发展变化的思考，也是对未来城乡关系发展的客观认识与合理预判。

（1）二元经济结构理论。

最早提出"二元结构"的是荷兰的社会学家伯克，随后经济学家们对伯克的二元结构深入分析，创建了丰富的二元经济结构理论。其中，刘易斯二元经济结构理论备受瞩目。其核心观点是传统农业生产部门和现代工业生产部门劳动生产率存在差异，传统农业部门劳动供给是无限的，即边际生产率趋近于零，因此现代工业部门提供略高于传统农业部门的工资就很容易获得大量的劳动力，实现农村的剩余劳动力向现代工业部门的转移，从而缩小城乡之间的差距，直至传统农业部门的剩余劳动力全部进入现代工业部门，城乡也由二元结构向一元结构转变。随后，托尼斯、费景汉等发展经济学家对刘易斯提出的二元经济结构理论进行了完善和补充，在原有的模型基础上加入了农业部门的发展，形成了"刘易斯—拉尼斯—费景汉"模型。乔根森在此基础上，进一步强调农业剩余产品对经济发展的作用，得出了"乔根森模型"。可见，二元经济结构理论为城市与乡村之间的协调发展提供了理论基础。

（2）不平衡增长理论。

美国经济学家艾伯特·赫希曼在《经济发展战略》中，提出"不平衡增长理论"，主张发展中国家应集中有限的资金和其他资源，有选择地在某些部门进行投资，通过其外部经济使其他部门逐步得到发展。赫希曼认为，在经济社会的发展过程中，一些落后地区之所以落后，是因为自身的资源有限，很难大规模地将有限的资源投入到各个部门之中，只能将有限的资源投入到某一部门或者某些部门，这样可以有效地解决资本不足的难题，通过辐射的作用带动其他部门的发展。此外，发达地区为了促进经济的可持续增长，也必须要带动不发达地区经济发展，否则悬殊的经济差距将阻碍发达地区市场开拓，这就促使发达地区与不发达地区之间的协调发展，两者在经济发展过程中是相互影响、相互作用的。在城乡关系上，乡村代表"自身资源有限的落后地区"，不平衡增长理论为城乡之间经济的协调发展奠定了理论基础。

（3）"核心—边缘"理论。

"核心—边缘"理论是一种关于区域空间互相作用和扩散的理论，由美国经济学家约翰·弗里曼德提出。其核心观点是一个完整的空间系统可以分为核心区和边缘区，核心区是技术水平高、经济发展快的地区，边缘区是经济发展相对落后的地区，两者存在依附关系。首先，核心区在整个空间系统中起到至关重要的作用，其技术革新通过向外扩散，影响边缘区经济活动，进而提升整个空间系统的经济发展水平。同时，边缘区也能够为核心区提供人口等要素支持。如此一来，各个区域之间有关联的协调发展让空间系统逐渐走向同一。可见，"核心—边缘"理论为城乡之间的要素流动奠定了理论基础。

（二）我国城乡关系发展历史脉络与金融定位

城市和乡村关系在不同国家和地区有不同的实践探索，中国特定的制度体制以及政策演变使中国城乡关系呈现出与其他国家和地区的显著差异，也因此被赋予了"中国特色"。从整个中国历史发展脉络来看，城市与乡村的关系由古代以农业生产为主、城乡混同的状态发展为以生产性城市为主的现代社会。中华人民共和国成立以后，我国城乡关系演变大体上经历了城乡兼顾、城乡统筹、以城带乡、城乡融合四个阶段，不同历史时期党和国家关于城乡关系的认识与发展部署，呈现出延续递进的关系。

1. 中华人民共和国成立初期的城乡兼顾发展阶段（1949~1978年）

中华人民共和国成立初期，面对美国等西方世界对所采取的政治孤立、军事威胁、经济封锁等严峻形势，以及长期受到帝国主义与官僚资本主义的压迫、国内经济形势趋近崩溃的压力，为了维护和巩固新生的人民政权，亟需实现经济恢复和发展，提高我国的国防力量和现代化水平。在这样的形势下，我国开启了落后的农业国追求工业化的日程，工作重心也由农村向城市转移。这一阶段，党和中央并没有忽视农村的发展，毛泽东明确指出"城乡必须兼顾"[3]"工农同时并举"[4]，又提出"公私兼顾，劳资两利，城乡互助，内外交流"的城市经济工作政策[5]，周恩来提出"城市离不开乡村而且要依靠乡村，工业离不开农业而且要以农业为基础"[6]。由此可见，以毛泽东同志为核心的党中央第一代领导集体提出的以城市为中心、城乡兼顾的发展方针，是出于中国国情的现实审思，是对中国城乡关系的创新探索。

这一阶段，工业优先发展的主基调突出，城市与乡村的关系实际上呈现分化加剧状态。如毛泽东论述："在优先发展重工业的条件下，发展工业和发展农业同时并举。所谓并举，并不否认重工业优先增长，不否认工业发展快于农业；同时，并举也并不是要平均使用力量。"这反映出国民经济快速发展的客观要求，党中央对重工业优先发展的战略部署。

一是实施工农产品"剪刀差"，以农业部门的经济积累支撑工业部门，以乡村的发展换取城市的稳定与繁荣。此时，中国还处于传统的农业社会，国家的财力、物力和人力均来自乡村。据统计，1949 年国家乡村人口占比达 89.36%，1952 年国内生产总值中第一产业占比为 50.50%，第二产业占比为 20.80%。而为了推进重工业发展，实现"工业化赶超战略"，必须要有大量的资本积累，这与我国当时劳动力多、资本少的现实相矛盾。因此，中国政府只能实施新的制度安排，由政府统一调配资源，发挥农业农村农民对重工业的支撑作用，人为地降低重工业发展的生产成本，过度汲取农业积累来为工业化发展提供初始资本。研究表明，改革之前，通过工农"剪刀差"，农业向城市工业贡献了 6000 亿~8000 亿元[6]。与 1952 年相比，1978 年中国的工业生产总值增加了 15 倍，而与此形成鲜明对比的是，农业总产值仅增加了 1.3 倍[7]（见图 1-1）。

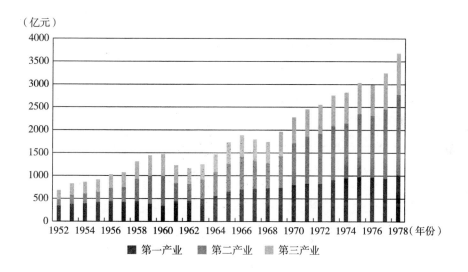

（亿元）

图 1-1　1952~1978 年工业产值急剧增长

二是开展人民公社运动，对农民农村进行严格管理，限制农民外流。工农"剪刀差"之下，城市的生活成本降低，政府必须同时实施限制劳动力在地区之间、部门之间流动的关联政策。人民公社就此产生，根据各个地方的情况，将人民公社组织分为公社和生产队两级，实质是对农村有限资源进行严格的控制，将权力集中在一部分人手中，牢牢限制农民投入于农业生产之中，禁止农民自由出售农产品，禁止农民自由流动。

三是制定城乡分割的户籍制度，人为地控制城乡人口流动，将农民限制在农村。由于农业单向度地支持城市工业的发展，农业增长受到限制，农民利益受损，极大地挫伤了农民的生产积极性。由于防止农民涌入城市、工业发展后备动力不足，以及城市工业吸纳劳动力的能力不足等客观原因，政府建立起城乡二元户籍制度，严格控制农民户口迁移，限制农村人口向城市流动，进一步强化了农业、农村支持工业和城市发展的制度设计。同时，在系列限制城乡要素自由流动的制度下，城市的发展也出现了严重的滞后，表现出城镇化水平显著落后于工业化发展水平的现象[8]。《中国统计年鉴》显示，1953~1978 年，我国城镇化率从 13.3%提高到17.9%，工业化率则由 19.8%提高到 44.3%。1949~1978 年我国农村人口规模，如图 1-2 所示。

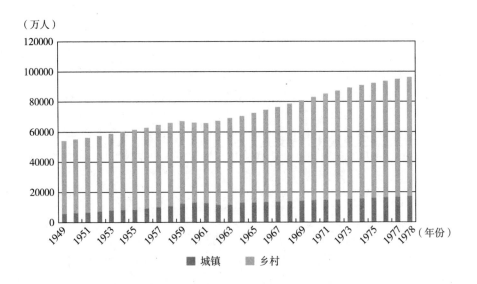

图 1-2　1949~1978 年我国农村人口规模

总的来说，在中华人民共和国成立后的近30年里，虽然党和国家提出城乡兼顾、工农并举的战略方针，强调农业与工业、农村与城市的协调发展，但是受制于现实国情，为了尽快实现工业赶超，加强中国经济实力，在实践中还是侧重于农业支持工业、农村支持城市的非均衡发展策略。在这一历史阶段，工业取得了快速发展，农业农村始终处于服务的位置。与此同时，城乡二元经济结构不断被扭曲、强化，我国城乡关系发生了极大转变，城市与农村的分离对立发生固化。

在这一阶段，我国尚处于国民经济恢复时期，面对千疮百孔的经济现状、居高不下的物价水平、凋敝的社会民生，金融工作的主要任务是维护币值稳定以控制通货膨胀，促进国民经济平稳恢复。同时，中华人民共和国成立初期全国实行高度集中的计划经济管理体制，金融体系也服从于计划经济体制的集中管理，全国金融机构只有一家，即中国人民银行，扼制了正规金融市场的发展。同时，由于实体经济也依靠国家统一安排，实际上城市与乡村的发展对金融服务形式、金融工具选择与金融来源等均没有要求。总之，中华人民共和国成立初期金融服务城乡融合的功能尚不显著，金融处于从属、次要的地位。

2. 改革开放以后的城乡统筹发展阶段（1978~2002年）

1978年党的十一届三中全会之后我国开启了改革开放的步伐，党和国家的工作重心也从注重城市与工业的发展转移到经济建设的发展上来，改变了过去以城市为中心、政府人为干预农业单向度支持工业的战略思想，而是更加注重农村农业的发展，将农业农村农民的发展作为我国经济建设的工作重心，强调城市与乡村的共同发展。在改革开放背景下，全国逐步放开各项限制，农村也积极探索谋求自身发展，农业发展呈现新的生机，城乡二元的经济结构开始出现松动。

一是由传统的计划经济逐渐转为市场经济体制，资源配置方式得到优化，商品逐步按照等价交换进行。自20世纪80年代中期以来，国家取消了长达30年之久的农产品统购统销制度，农产品开始实现市场定价，改变了过去价格低于价值的扭曲现状。到20世纪90年代，党的十四大明确了社会主义市场经济体制的建立，农副产品市场化的程度进一步提高，工农"剪刀差"状况得到缓解。随着工农产品市场定价和交易程度越来越深，过去以牺牲农业附加值为代价换取工业增长的形式有所改观，农村的经济得到了发展，农业总产值也呈现上升的趋势。数据显示，1978年我国农业总产值为1018.5亿元，到1995年增长至12020.5亿元，期间增长率也长期保持较高水平（见图1-3）。

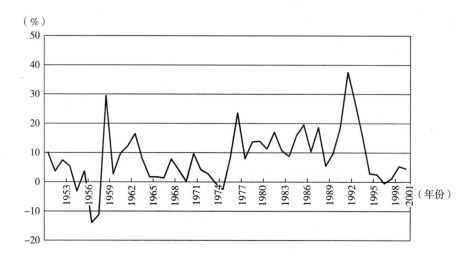

图1-3　1953~2001年我国农业总产值恢复提升水平

二是废除人民公社体制，实行家庭联产承包责任制的土地改革，激发农民的生产积极性。安徽省小岗村率先实行大包干责任制，将集体土地承包到户，分户经营。随后，家庭联产承包责任制在全国范围内展开，人民公社被乡镇政府取消，村民实行村委会自治。这一土地制度的改革，使农民由传统的劳动者转身变为生产者和经营者，有效地提高了农民对农业生产的积极性，更好地发挥了劳动者与土地的潜力，同时对很多阻碍城乡人口自由流动、城乡经济交流与改革统购统销的制度逐步进行改善。1978年我国农村家庭人均年收入是151.8元，到1995年增长至2337.9元，增长幅度为1440.2%，这种增长速度体现出人们生活得到了实质上的改善

（见图1-4）。农民收入的极大提升对调整城乡关系具有重要意义，在这
几年时间里，我国城市与乡村分离的局面逐渐被打破，城乡之间的差距得
到缓和。

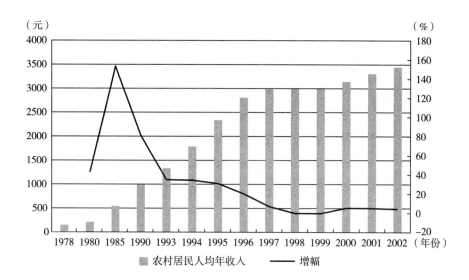

图1-4　1978～2002年农村居民人均年收入快速提升

三是城乡产业格局发生变化，乡镇企业兴起。随着以经济建设为中心
的工作目标确定，和市场经济体制的逐步推进，农村经营形式逐渐放活，
乡镇企业异军突起。1978年我国乡镇企业为152万个，到2002年增长至
2133万个，吸收的从业人员数量从2827万人提升至13288万人，营业收
入达129760亿元。乡镇企业的兴起和发展改变了传统体制中农村只能搞
农业、农民只能从事农业的状况，使大量农民参与到我国工业化和城市化
进程中，农村城镇化步伐得以加快，推动了中国农村的工业化和城市化，
加强了农村与城市之间的经济联系，对缓解城乡矛盾具有重大意义。

四是城乡要素流动限制放宽，生产要素配置逐步合理。改革开放后，
我国认识到人口管制对城乡经济发展的限制，逐步放宽了城乡要素流动的
限制。20世纪80年代后期，农村剩余劳动力由农村转移向城市、内地转

移向沿海的流动现象越来越多，形成了引人注目的"民工潮"现象。这部分从农村向城市、从农业向非农产业转移的农民，给我国经济发展带来了意义重大的"人口红利"。数据显示，1985年我国乡村就业人数为37065万人，城镇就业人数为12808万人，到2002年乡村就业人数为48121万人（增长29.8%），城镇就业人数为25159万人（增长196.4%）。同时，农村就业结构也有所转变，1978年从事农业的农村劳动力为93.0%，到1985年降为79.2%，再到2002年降为66.0%。由此可见，这一时期，农民不再被限制在农村中，农村不再处于服务、从属的地位，城乡之间的要素开始双向流动，农村经济得到好转，农村与城市的矛盾有所缓解。

在计划经济体制向市场经济转型的这一阶段，金融工作逐步回归金融的本质属性，并呈现以政府导向为主导的形式，在城乡关系上开始发挥作用。改革开放后，随着家庭联产承包责任制的改革成效逐步显现，农村生产能力被释放出来，农户作为经营主体的生产性金融需求迅速扩张。对此，为了满足农户的金融需求，国家开始将农村金融业务从人民银行职权范围内分离出来移交给中国农业银行，针对农户开展农村信贷业务。同时，逐步加强农村地区金融机构网络的铺盖，调整和明确各类金融机构的职能范围，满足农户特定的金融需求。1983年中央一号文件明确指出，农村信用合作社应坚持其合作金融性质，主要为农户在农业生产投入和生活消费性支出等方面提供必要的信贷资金支持的功能，促进农村生产力的解放和农户收入水平的提高。1985年中央一号文件进一步对农村金融提出指导，鼓励适当发展民间信用；兴办农村保险事业；允许专业银行业务交叉和适度竞争等。可见在这一阶段，国家金融政策开始向农村倾斜，金融逐步在支持农业农村的生产发展和农民的生活消费改善发挥作用，农业产业得到壮大、农村经济水平得以提升、农民收入得到增长，在一定程度上加快了城市化进程，也缓解了城乡对立局面。

3. 党的十六大以后的以城带乡阶段（2002～2012年）

改革开放后我国农村得到了一定的发展，城乡关系处于相对比较协调的状态，但是在后期，我国经济社会发展的工作重心再次进行了调整，由注重农业农村的发展转移到了城市，"三农"问题逐渐凸显。对此，在党的十六届三中全会上我国提出将农业农村农民问题作为党中央工作的重中之重，把更多的精力投入到解决"三农"问题，同时从经济社会发展的全局来统筹城乡发展。党的十六届四中全会上进一步提出"两个趋势"的重要思想，对城乡关系进行了重新解读，提出利用城市的工业带动农业农村实现现代化，为21世纪城乡关系的转变提供了强有力的政治保障。

自党的十六大以来，我国对有关城乡关系的战略思想进行重大调整，逐步形成了城乡一体化发展的思路，各级政府也进一步加强了财政资金对农村地区的帮扶，对农业、农业基础建设、农村人居环境、农村公共服务、农村社会保障制度等全方位提供政策支持，制度逐渐向农业农村的发展倾斜。

一是取消农业税，加大对"三农"的扶持力度。我国农业税长期阻碍城乡之间税收制度的公平公正，农村居民收入的农业税收负担较重，而城市居民收入较高却并没有承担与之匹配的税收负担，体现出我国分配制度不尽合理的问题，也助推了城乡二元经济结构的强化。对此，2006年我国决定取消农业税，标志着城乡人口间传统的分配关系发生重大转变，农民税收负担得到极大减轻。同时，我国还加大了对农民的政策补贴，如粮食直补、农机购置补贴等各种补贴政策，进一步为农民减负。

二是加大农村基本公共服务力度，注重农村的全面发展。进入21世纪后，党和国家对"三农"问题越发重视，理解也越发深刻，不再仅从经济增长、收入提升方面推动农业农村农民的发展，将视野拓宽至农村教育、医疗等公共服务的领域。在教育方面，2006年我国实施农村义务教育保障机制，将农村义务教育全面纳入公共财政的保障范围，减轻农村居民家庭子女接受义务教育的各种经济负担。在医疗卫生方面，新型农村合作医疗制度在全国农村开展起来，使农村居民可以享受与城市居民同等的福利待遇，农村医疗资源建设水平不断提升，到2010年已基本覆盖全国农村居民，参合率为96%。在社会保障方面，2007年政府开始全面建立农村最低生活保障制度，对达到贫困条件的居民给予一定的补助和保障基本的生活费用补贴（见图1-5），2009年政府开展新型农村社会养老保险制度，大量农民纳入养老保险体系，在2010年参保人数达10276.8万人，2011年同比增加2倍多，农村养老服务和保障水平进一步提高。

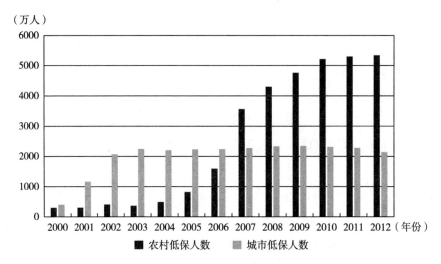

图1-5　2000~2012年我国农村低保覆盖范围逐步完善

　　三是改善农村基础设施，推动新农村建设工作。作为发展农村生产和保证农民生活的公共服务设施，农村基础设施改善对加快推动城镇化具有重要意义，也有利于缓解城乡矛盾。随着党的十七大提出构建以工促农、以城带乡的长效机制，国家对农村基础设施的建设有进一步的倾斜，逐步向着城乡一体化趋势发展。数据显示，1978年我国农村公路总里程为58.6万公里，到2012年增加到367.8万公里，增加5倍以上（见图1-6）。通达深度也不断增加，2012年全国农村地区有99.55%的建制村通公路，97.43%的建制村通硬化路，86.46%的建制村通硬化路面。总之，21世纪后工业发展促进农业实现现代化，城市经济的发展也通过辐射作用带动了农村经济的繁荣发展，我国城乡关系进入了崭新的相对协调的阶段。

（万公里）

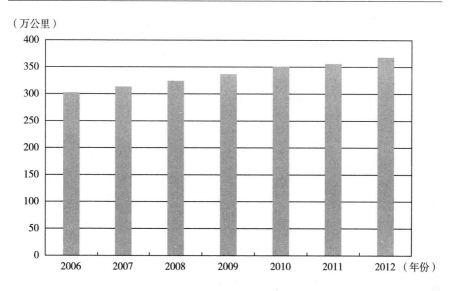

图1-6　2006~2012年农村公路建设不断加强

进入21世纪后，农村金融体制改革不断深化，金融模式改革更加强调市场导向。2005年以后，农村金融发展模式从政策引导为主转移到市场机制推动创新上来，在一定范围内放松了对金融市场的管制。一方面，降低农村金融市场准入门槛，在一定范围内放松民间资本向农村金融市场的流入，增加农村金融供给主体，增强农村金融市场活力。在正规金融方面，2007年中国邮政储蓄银行成立，同时各商业银行陆续将金融支农目标作为工作重点，使农村金融体系得到改进。在非正规金融方面，2005年中国人民银行等金融监管机构批准和支持小额贷款公司作为新型农村金融机构在部分地区开展，并逐步扩大试点范围推动其在全国范围内运行，有力地补充了农村金融市场，激发农村资本的活力。另一方面，丰富农村金融市场的信贷业务产品，更具针对性地满足农户对农村信贷的需求，进一步提高农村金融信贷配给的效率。2008年，中国人民银行和银监会出台相应政策，鼓励发展农户小额贷款和农村微型金融，试点开展以"林权、土地流转经营权、农村住房财产权"为主体的"三权"抵押贷款；2010年，中国人民银行、银监会、证监会、保监会联合发布《关于全面推进农村金融产品和服务方式创新的指导意见》，明确农村金融改革应更加侧重于对微观供给主体、微观需求主体、信贷金融产品以及农业风险管理体系的创新发展，并鼓励加强农业信贷和农业保险的有益结合。总之，这一阶段国家市场化主导金融模式得到强化，农村金融改革取得一定成效，农业的机械化水平和规模经营得到较大提升，为农业农村农民发展提供了新的资本活力，中国开始进入以城带乡，破解城乡二元结构的时期。

4. 党的十八大以来城乡融合发展阶段（2012 年至今）

在统筹城乡发展战略的指引下，我国城乡二元结构特征得到了明显的改善，城乡之间的差距有所缩小，对立矛盾逐步缓解，但是城乡关系尚未发生质的变化，城市与乡村的差别仍然较为明显，乡村尚不能依靠内源动力谋求自身发展，城市依然处于优势主导地位，城市与乡村之间并没有形成融合的体制机制。随着中国特色社会主义进入新时代，我国城乡关系也被赋予了新时代特征的内涵，自此，党和国家对农业农村农民的重视程度进一步加大，更加注重农村发展的自身动力，城乡之间的互动联通进一步深化，城乡关系进入崭新的城乡融合阶段。

一方面，自党的十八大以来，党和国家对农村的发展越发重视，从政治高度层面为破解城乡二元结构创造了有力的制度保障。党的十八大报告提出要加快完善城乡关系发展过程中的体制机制，构建一种良好健康的新型城乡关系；在党的十八届三中全会上，强调要全力打破城乡二元结构，实现城乡发展的一体化。2014 年中央一号文件提出加快推进我国的农业现代化的发展，优化农村农业生产布局。2015 年中央一号文件提出加快实现农业现代化的步伐，加快高标准的农田建设，提高农产品质量安全，加强农业生态环境的保护，深化农村改革。2016 年中央一号文件强调要发展新的理念来破除"三农"的问题，同时提出推进农村供给侧结构性改革。2017 年党的十九大提出乡村振兴战略，将乡村的发展振兴放到国家战略的高度，体现出党和国家处理城乡关系发展战略发生重大调整，标志着中国城乡关系迈上了一个新的历史台阶。此后，农业农村优先发展的主体地位不断得到强调。2017 年中央一号文件明确指出要协调推进农业现代化与新型城镇化，加大农村改革力度，提高农业综合效益和竞争力，推动社会主义新农村建设取得新的进展。2018 年中央一号文件确定了实施乡村振兴战略的目标任务，并围绕乡村振兴"二十字方针"对"三农"发展提出新的指引。2019 年明确出台了《中共中央 国务院关于建立健全城乡融合发展体制机制和政策体系的意见》，对城乡融合的三个阶段进行了具体设计；党的二十大报告进一步强调坚持农业农村优先发展，坚持城乡融合发展，畅通城乡要素流动。加快建设农业强国，扎实推动乡村产业、人才、文化、生态、组织振兴。可见，进入新时代后，中国城乡关系发生了由城乡统筹发展到农业农村优先发展的历史转折，城乡融合发展的体制机制不断建立完善。

另一方面，在国家制度保障下，城乡融合的实践步伐也不断加速。一是城乡要素双向流动得到深化，劳动力、土地市场化流动不断加强。在劳动力方面，尽管改革开放以来，农村劳动力转移的限制得到放松，但户籍制度、城乡社会制度不平等问题依然导致农民流入城市面临较高的成本，劳动力自由流动受阻。自党的十八大以来，户籍制度改革不断推进，面向农民的就业制度、社会保障和福利制度不断优化，缓和了农民流入城市的制度成本，城乡劳动力流动渠道逐渐畅通（见图 1-7）。此外，在这一阶段下，城乡劳动力的流动也不再是以往农民追随城市的单向流动，随着农业农村发展的潜在动力渐显，越来越多的人返乡下乡进行创业，农村逐渐成为吸引人才流入的地方，内生发展的动力也随着人员流入得到加强。在土地方面，2013 年我国开始农村土地"三权分置"改革，通过所有权、承包权和经营权"三权分置"，放活农村土地经营权，极大地促进了农地流转效率。同时，2015 年国家授权 33 个县（市、区）开展集体经营性建设用地入市试点工作，进一步深化农村土地流转的市场化进程，为城乡土地市场一体化探索经验，既能提高土地利用效率、保障农民权益，又能实现增强农业和其他产业的规模经营能力的目的。二是淡化城乡分化界限，区域融合态势确定。正如习近平总书记指出，城镇化和城乡一体化，绝不是要把农村都变为城市，把农村居民点都变成高楼大厦[9]。乡村发展的目标是确定的，但是不能以城镇化取代乡村本土气息，而应形成城乡相互影响、互补发展的融合关系，在这一战略思想下，城市与乡村之间逐步向着区域融合的方向发展。城市群、都市圈的发展定位正是顺应了这一态势，城市扩大辐射范围，带动了周边县域发展，进一步将发展动力下移带动到农村，实现了在都市圈耦合过程中加速农村地区发展的功能，城市反哺农业的路径得到深化拓宽。三是脱贫攻坚工作取得决定性胜利，全面推动乡村振兴、促进城乡融合。2020 年底，我国脱贫攻坚工作取得决定性成果，贫困人口全部脱贫，贫困县全部摘帽，在中华大地上全面建成了小康社会。历史性地消除绝对贫困，极大地缩小了我国城市与乡村的经济落差，城乡矛盾在这一阶段进一步得到化解破冰，城乡融合发展踏入了新的历史舞台。

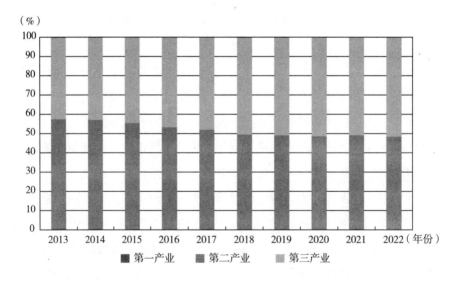

图 1-7　2013~2022 年农民工就业行业分布结构调整优化

在这一阶段，党和国家越发注重金融在城乡关系中发挥的作用，2022年中央一号文件首次将"强化乡村振兴金融服务"单列为一项重要内容，充分表明中央对金融业加大支持乡村振兴力度有更高期待，而城乡融合离不开乡村振兴，金融在促进城乡融合上也必将大有可为。

　　实践证明，自党的十八大以来我国积极为农村引入金融"活水"，加快了城乡融合发展步伐。一是农村金融机构覆盖范围扩大，打通农村金融服务"最后一公里"。2017年中央一号文件明确提出支持金融机构增加县域网点，适当下放县域分支机构业务审批权限。农村长尾人群金融可得性提高，满足农民的生产经营需求，促进农村产业发展，农民生活水平提升，加快农村现代化进程。数据显示，2012年我国涉农金融机构一共有3274家，营业网点数共75896个，到2020年分别增长至3898家和80012个，农村覆盖范围不断扩大（见图1-8）。二是推进信用镇、信用村、信用户建设工作，深化农村金融供给。金融体系的一大重要功能在于资源配置，提高资金配置效率[10]，而农村的信用体系建设长期滞后于城市，导致即使农村有好的项目也由于信息不对称而无法获得资金支持，自党的十八大以来，我国积极推进农村信用体系建设，创新推进整村授信模式，就是为了弥补城乡信用体系建设之间的差距，通过深化金融服务乡村的路径，逐步缩小城乡间资本要素的差异。三是推进农业保险工作，降低农村生产经营风险，推动实现农业农村现代化。农业生产面临投入周期长、风险大等特点，具有天然的弱质性。农业保险的存在为农民提供了风险分散的渠道机制，有力地保障了农民收入实现，避免了突发性事件对农业农村农民发展动能的挫伤，进而缓解城乡之间可能的矛盾冲突。总的来说，自新时代以来，金融在促进农村经济壮大、农业高质量发展、农民生活水平提升等方面发挥了重要的作用，在城乡关系发展过程中扮演着越发重要的角色。

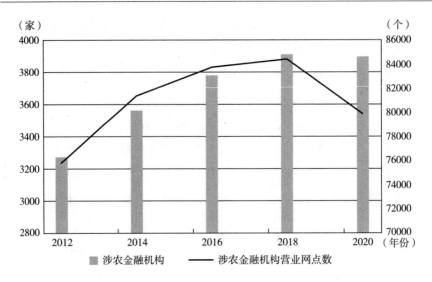

图 1-8　2012~2020 年农村金融机构供给增加情况

二、金融支持城乡融合发展的
重点领域与作用机制

（一）我国城乡融合发展的主要模式及特点

党的二十大报告强调，"坚持城乡融合发展，畅通城乡要素流动"。习近平总书记指出："要把县域作为城乡融合发展的重要切入点，推进空间布局、产业发展、基础设施等县域统筹，把城乡关系摆布好处理好，一体设计、一并推进。"在推进乡村全面振兴、实现共同富裕的新时代背景下，必须重塑城乡关系，走中国特色城乡融合发展之路。经过多年的发展，不同地区探索出不同的城乡融合发展模式。

1. 全域一体化发展模式

县级一头连接城市、一头服务乡村，在资源整合利用上具有优势，因此，县域是推进城乡融合发展的重要切入点和突破口。坚持城乡一体化发展的地方，都树立县域城乡"一盘棋"理念，构建促进城乡规划布局、产业发展、基础设施、公共服务等相互融合和协调发展的体制机制。以国土空间一体化规划为引领，强化县城综合服务能力，把乡镇建设成为服务农民的区域中心，并着力提升村级基础设施和公共服务水平。统筹县域生产、生活、生态需要，因地制宜补短板、强弱项，推动城乡基础设施统一规划、统一建设、统一管护，促进向村覆盖、往户延伸。在教育、医疗、养老、社会保障等公共服务供给方面，以实际需求为导向提供公共服务，集中建设、统一提供、形成批量，提高公共服务供给水平。在发展产业方面，强化县域统筹，合理规划产业布局，推动形成县城、中心镇（乡）、中心村功能衔接的乡村产业结构布局。

一是重视发挥规划在县城城乡融合发展中的引领作用。县域国土空间规划是国土空间规划体系的重要一环，是县域内产业合理布局、公共资源合理配置的重要依据。没有规划就会盲从，因此必须以县域为单位制定总体规划和各个专项规划。在制定城乡融合发展规划时，要统筹协调，通盘考虑，科学划定城镇、农业、生态空间，确定城市发展边界，统筹谋划产业发展、基础设施、公共服务等功能布局，优化欠发达地区和乡村地区的用地布局，预留发展乡村特色产业和保护特色历史文化的空间资源。例如，吉林省延边朝鲜族自治州敦化市按照"以人为本、城乡统筹、突出特色、绿色发展"的原则，结合城市总体规划以及地广人稀的特点，明确了"一核、两副、多点支撑"的新型城镇化方向。一核：更新城市核心区，建设南部新城区。两副：综合区位优势、人口资源，建设两大城市副中心。多点支撑：推进东西横向、南北纵向交通沿线乡镇与周边县市产业对接，建设双轴产业带。河南省长垣县按照"一核、三区、七镇、多点"的结构推进城乡融合发展，一核：全面强化县城综合服务能力，完成全部城中村的改造，完善城市功能，提升城市承载力，将县城和城郊融合类村庄建成乡村振兴示范引领核心。三区：立足资源禀赋和产业基础，打造沿黄规模化特色种养结合区、城区周边都市生态农业发展区、黄河故道优质粮经作物种植区三个现代农业产业发展示范区，推动三网融合示范区和沿黄生态示范区建设，打造沿黄美丽乡村示范带。七镇：推动乡镇整合，建成三个新市镇和四个特色小城镇，创建七个省级美丽小镇，把乡镇建设成为服务农民的区域中心。多点：建成 100 个左右乡村振兴示范引领村。

二是以县城为龙头、以中心镇为节点，建立多层级城乡融合发展模式。当前，我国约有 2.5 亿人居住在县城，县城是我国城镇体系的重要组成部分，县城发展不好，做不好示范，乡镇就很难发展起来。乡镇上连着县，下连着村，是县域城乡融合发展的关键节点，建不好中心镇，城乡融合就很难实现。因此，增强乡镇"造血"功能，建好中心镇，对城乡融合发展至关重要。例如，江西省吉安县把经济发展较好、人口比较聚集、5万人以上的乡镇定位为中心镇，县财政出钱编制规划，就像微型的县城一样，如卫星般散开。湖北省孝感市把提升镇区功能作为推进县域内城乡融合的"先手棋"，按照"小而精、小而美、小而富、小而特"的建设思路，宜工则工、宜农则农、宜游则游，到2025年分类打造100个农业强镇、工贸强镇、文旅强镇。河北省定州市按照"县城—中心镇—中心村"的梯度建设思路，既不搞"一刀切"，也不一动不动，提前做好规划，一方面做大县城，抓县城经济；另一方面做大小城镇，把几个历史文化名镇和经济发展强镇打造成高标准小城镇，保留人口稠密的村庄；同时，对那些既没有历史文化、人口也少的村庄，结合宅改和"空心村"治理进行合并，把没有生命力的村合并到带动力强的村。

三是统筹县域基础设施和公共服务，解决短板弱项问题。在推进城乡融合发展的过程中，不少地方在生产生活、产业配套、市政公用等基础设施和公共服务方面还存在明显短板和弱项，是县域城乡融合发展的显著障碍。比如，农村电网改革改了很多轮，但是山区还是跟不上，很多地方搞了光纤通村，但只通到了村委会。乡村建设投入了大量资金，虽然建好了，乡村面貌确实发生了很大变化，但后续运营依赖于村集体经济，难以持续。水利、交通等基础设施碎片化情况依然普遍。乡镇学校师资水平差，无法满足农民需求，为了孩子能接受好的教育，很多农民家庭即使在城市没有工作也选择在城市买房，加重了农民负担。以行政村为单元建的小学、卫生院、敬老院等公共服务设施，随着人口流动和社会变迁，使用率低，造成浪费。因此，基础设施和公共服务应由全县坚持"一盘棋"，统筹布局、集中建设，以实际需求为导向。比如，安徽省六安市以乡镇为单位，建中心区域敬老院，周边村的老人集中住进来，管理水平、硬件条件、服务水平都比分散的敬老院好得多。建设区域医疗服务体系，只要村民有需求，就能巡回医疗及时送诊，更好地满足老百姓需求。该市还以县为单位统筹农村人居环境治理，垃圾清理全部是政府花钱买服务，社会专业组织运作，村收集、乡运转、县处理，统一焚烧发电，每个县区都建一个垃圾焚烧发电厂。

专栏 2-1 安徽省定远县推进城乡供水一体化

滁州市定远县全面推动城乡供水一体化改革，构建从水源头到水龙头的建设、运营、维护、服务、管理"五统一"城乡供水模式。

一是明确"一体化"思路，高定位规划布局。结合全县"十四五"供水专项规划，至2025年，供水规模达37.5万吨/天，至2030年，供水规模达56万吨/天；概算投资27.7亿元，其中，2019～2025年投资14.9亿元，2026～2030年投资12.8亿元。综合考虑区域水源状况，以江巷水库为依托、以长江为补充水源、淮河为应急水源，对水资源进行高效配置，将全县划分为五大供水片区，整合原16家水厂资源，规划建设七大规模水厂，使所有水厂管网互联互通，城乡供水"同水源、同管网、同水质、同服务"。

二是破解"一体化"难题，细操作整合重组。依法评估到位。组织水务、财政、审计、城投等单位人员，历时5个月，对各农饮水厂进行清产核资。同时，公开招标选定第三方评估公司，对原农饮水厂国有资产、社会投资者个人资产进行依法评估，评估值作为全资收购或股份合作的核算依据。权益保障到位。制定股份合作、全资收购两种方案，对水厂员工实行去留自愿、优先选用；对全资收购在规定期限内完成协议签订和移交的，按个人总资产的5%、不低于15万元进行奖励。累计投入1.1亿元，16家水厂顺利完成协议收购，并平稳交接，无一例违规违纪和上访现象发生。

三是夯实"一体化"基础，快节奏建好配套。兴建新水厂。投资约1.1亿元建成第二自来水厂，日供水规模到4万立方米，提升县城及周边40万群众饮用水供应质量；投资5.26亿元正在建设的炉桥水厂，总设计日供水规模达 20 万吨，建成后可保障周边 5 个乡镇约 20 万人口和盐化园区 80 家企业用水。同时，规划投资 5.6 亿元建设的江巷水厂、投资 1.8 亿元建设的池河水厂，分别可保障周边 9 个乡镇约 27 万人、3 个乡镇约 12 万人生产生活用水。炉桥水厂、江巷水厂、池河水厂均按照国内一流标准设计，设备先进，自动化水平高，水质处理工艺先进。改造老水厂。保留永康水厂，与建设中的炉桥水厂管网互通，以保障炉桥片区供水；保留韭山水厂，优化调整其供水区域，以保障北部沿山地区供水。同时，拟迁建县一水厂，与县二水厂管网互通，保障县城及周边地区供水。联通全域网。投入 5000 万元巩固提升整合后的农饮水厂管道联通能力，实现县二水厂与仓镇水厂、仓镇水厂与大桥水厂、县二水厂与青春水厂、县自来水厂与韭山水厂、大余水厂与张桥水厂之间的管网联通，努力保障群众生产生活用水。

四是完善"一体化"机制，长效化保障运行。健全规范服务机制。构建"一个体系、三个机制"的长效运营管理机制，组建县城乡水务投资建设公司，负责全县城乡供水统一建设、统一运营、统一维护、统一服务、统一管理。县城乡水务投资建设公司按照"供水全天候、服务零距离"的服务理念，设立 24 小时便民服务热线服务群众。健全财政兜底机制。在工程建设中，所有费用由财政保障到户，为城乡居民免费提供通水条件；通过物价部门核定，明确全县农村居民入户安装施工材料费统一为 300 元/户，低收入户入户费由县财政全额补助，城乡五保户、低保户按现有相关政策给予减免，真正实现城乡供水一体化成果惠及城乡百姓。健全水质保障机制。投入 3000 万元，对接管后水厂进行水质提升、设备更换和环境整治。着力打造"智慧水务"，实施城乡供水智能化建设，对水厂出厂水压、流量、浊度、余氯含量等数据在线监测，对全县水资源进行智能调度。建立水厂日自检、县水质检测中心月抽检和县卫生健康部门月巡检三级水质检测制度，实现对水源、生产、供水全程监控，切实保障群众安全饮水。

四是统筹县域产业发展布局，形成以工补农、以城带乡的产业格局。产业兴则县域兴，没有城乡产业的协同发展，县域的城乡融合就如空中楼阁。合理规划产业布局，充分立足县域资源禀赋和产业发展基础，从最有条件、最具竞争力的领域入手，走专业化、规模化、品牌化的路子，打造独具特色的支柱产业和拳头产品。比如，山东省东明市谋划了"北工南农"发展思路，将全县划分为北部"高质量发展功能区"，南部"生态功能保护区"，以错位发展破解发展不平衡问题。南部功能区不再新上工业项目，凡引进的工业项目一律采取"飞地经济"模式落地北部工业区。建立财政转移支付和生态补偿制度，县财政每年拿出一定资金，反哺生态功能区的乡镇。浙江省海盐县在县域内划分功能区域，不同区域有不同产业发展方向。于城镇和通元镇建设农业开发区，发展高质量农业，其他几个乡镇都有自己的产业，包括高端装备制造、新能源、智能家居、核电关联产业等。山东省桓台县形成乡镇间工农结合、互补平衡的局面，对3个工业基础好、产业体系完善的乡镇，引导其产业升级。对4个工业相对薄弱的镇，扶持重点发展农业，保障粮食任务保质保量完成。

■ 专栏 2-2 南京市江宁区全域一体化促进城乡融合高质量发展

江宁区位于扬子江畔，牛首山下，区域总面积1561平方公里，辖10个街道，201个村（社区）。近年来，江宁区不断深化体制机制改革，着力打通城乡资源要素流动通道，以引流城市资本参与美丽乡村建设为突破口，从打造周末休闲的"盆景"到统筹全域旅游的大景区，下活了城乡融合发展"整盘棋"。

一是引资下乡，增强乡村产业支撑。为破解资金短缺、环境治理压力大、村民参与度低等问题，江宁区创新性地探索"政府引导、市场参与、多方协调"开发方式，吸引社会资金，支持村庄根据自身特色与需求，灵活选择开发主体，因地制宜探索发展路径。

通过搭建政府服务农业农村领域项目平台，鼓励引导城市工商资本、高新技术、高端人才、先进理念向农业农村流动；开通城市工商资本下乡"绿色通道"，对注册登记、项目立项、用电用地等提供便利化服务，实行"一次办好"，确保城市工商资本投资项目顺利落地、顺利实施；建立工商资本下乡"负面清单"制度和工商资本租赁农地监管和风险防范机制，推动社会资本加速下乡。农民工返乡创业，工商企业入乡创业，有力地促进了乡村振兴，实现乡村接待游客超千万人次、旅游收入近70亿元的乡村旅游规模。

二是"农业+互联网"，促进产业深度融合。为推动第一产业提质增效，江宁区以"农业+"为依托，狠抓农村一二三产业融合。其中，第一产业持续加大优质农产品供应，满足市民对美好生活的需求；第二产业大力提升深加工能力，"农业+"产业链进一步拓展延伸；第三产业积极发展农业休闲旅游，特色田园乡村一头连起乡村，另一头连起城市。一二三产业实现融合发展、协同共进，演绎了一首城乡协调发展的和谐奏鸣曲。

三是推进"四业"联动，实现共建共享共富。为鼓励青年返乡创业，吸引人才逐梦乡村，江宁区积极做好政策支持、基础设施配套、特色产业培育、文化内涵挖掘传承等工作，城市创客、乡村创客们纷纷回流乡村。集环境保洁、园林绿化养护、垃圾处理于一体的南京港城保洁服务公司拥有专业技术高级人才21人，建有1个垃圾分类培训体验中心和3个垃圾分类积分兑换超市，解决了600多人的就业问题，人均月工资2200元以上，助力300多户贫困户脱贫，过上了幸福生活。在促进城乡融合发展之中，江宁区实现农业、就业、创业、物业"四业"联动，畅通城乡要素自由流动，促进人、财、地等要素流动在城乡间形成良性循环，为乡村振兴注入了新动能。

四是融入长三角地区一体化，打造率先基本实现农业农村现代化示范区。江苏省、安徽省在交界处江苏南京市江宁区的横溪镇、安徽马鞍山市博望区丹阳镇，共同建设30平方公里的江宁—博望跨界一体化发展示范区。在功能定位上，示范区聚焦产城融合同城化、社会治理体制协同发展、城市管理联动、社会治理信息共享等方面积极探索、先行先试。在生态优先上，探索生态与发展相互融合、相得益彰的新路，推动绿色经济、高品质生活、可持续发展有机统一。在产业协作上，积极发展休闲服务、行政商务等产业，推进农旅、工旅、文旅等一二三产业融合发展。在模式创新上，着眼解决政策设计、项目安排、利益分享、机制创新等重大问题，构建精简高效的合作模式。

江宁区的实践表明，必须树立全域一体化思维，用融合破解城乡发展不平衡、农村发展不充分的问题，走"工农互促、城乡互补、全面融合、共同繁荣"的发展道路。

五是发挥数字化技术在县域内城乡融合发展中的作用。如何实现"软件"的公共服务能够精准匹配群众切实需要，让城乡居民均等享受优质公共服务，特别是在年轻人口向县城聚集，常住人口城镇化率高，农村老龄化加剧，失能半失能和高龄老人数量逐年增多的社会背景下，利用数字化技术赋能公共服务体系高质量发展便成为关键。例如，河北省辛集市着力发挥信息化的基础支撑作用，构建政务服务新体系，打造"政务办事一公里服务圈"，在全市15个乡镇、344个村、24个社区全部建立高标准、高规格的便民服务中心，全面推行"一个中心"对外、"一体化"办公、"一站式"服务，实现全市政务服务100%覆盖；确定乡、村两级政务服务事项167项，实施标准化管理，市直属各部门与基层服务点建立长效联络机制；市级一体化政务服务平台延伸到乡村两级，乡村两级依申请政务服务事项全部接入一体化平台。

专栏 2-3 四川眉山彭山区以公共服务到家门推进城乡融合发展

彭山区以"公共服务到家门，群众办事更舒心"为目标引领，打造农村基层公共服务平台、建设基层便民服务体系，促进城乡无差别"全域办"，推进城乡公共服务均等化。

一是让群众在家门口就能办好事。开发"党务政务服务网络平台"，开通手机客户端（App）、微信公众号服务端、现场自助机服务端，实现网上查阅、预约、预审、受理、申请、咨询、表单下载（填报）、缴费、评价等"一站式"服务。创新"受办分离 集成服务""审定分离全程网办""信用支撑 先办后验"工作模式，实现"网上办"基础上的"一窗通办"。开发"协同办公系统"，变群众交材料为部门间网络协同传材料，逐步实现群众刷身份证或刷脸即可"零材料办事"目标；开发视频会诊系统，乡镇（街道）窗口受理人员可针对受理过程中的问题，利用该系统随时与区级部门审批人员发起视频会诊解决疑问，让群众少跑路。标准化建设服务体系，实现群众"就近办"。按照属地人口规模，每个乡镇（街道）便民服务中心设置2~3个综合接件窗口，全区共设置33个无差别综合接件窗口，形成遍布城乡的便民服务网络。实行统一网络平台、统一服务模式、统一服务标准、统一运行管理、统一考核标准的"五统一"便民服务中心管理模式，群众在任何一个乡镇（街道）的任何一个窗口都可提交办理申请。

二是让群众办一件事最多跑一次。根据群众的习惯性思维模式来优化流程、改进服务，让群众办事像网购一样简单方便，一次提交即可等结果。同时，坚持"信任在先"原则，实行办理时非核心要件容缺预审、领证核验，尽量让群众少跑路。实现单个事项只跑一次。坚持定期梳理、动态管理行政权力和公共服务事项清单，逐条规范、优化审批流程对外公布，实现单个事项办理只跑一次目标。如城乡居民养老保险、计划生育奖励扶助等单个事项，群众从原来的到户籍所在地办理升级到就近站点办理，且只需跑一次。将多个事项融合成"一件事"。把分散的部门单项审批组合、再造，为申请人看得懂、好办理的"一件事"审批，将"最多跑一次"标准从单项审批提升到"一件事审批"。

三是让群众会聊天就能办成事。针对当前农村多数群众不会办事、习惯找人办事的特点，以方便办事、办得成事为出发点，立足线上线下服务，打造了"聊天办""代人办"新模式，让群众会聊天就能办成事。全面推行"代人办事"。在区党务政务服务网络平台开发"代人办事"模块，纳入194项可在线代办事项，代办人成功代办可获得1个信用积分，积分达80分可容缺非核心材料，达100分可开启"绿色通道"，实现无材料办理。建立88个村（社区）代办点，由村（社区）党支部和300余名网格员组成"保姆式"代办队伍进院坝、敲家门，挨家挨户为群众提供网上办事培训、网上办事指导，只要群众能清晰表达办事诉求，就能帮其办成事。开通网络"智能导办"，实现800余项群众依申请办理的行政许可和公共服务事项的办理流程、提交材料逐项固化，开发电子表单系统，实现群众办事时，网络服务机器人"小彭"通过与群众聊天获得相关数据资料，自动填充电子表单内容，自动分发至相关部门办理，实现群众在聊天中办事。

2. 专业功能化创新模式

依靠专业功能化创新走城乡融合发展道路的地方，凭借独特的资源优势，经过多年的积累，将特定产业发展壮大，并打造具有影响力的品牌。典型经验如产业园区带动型、数字化转型拉动型、科技创新驱动型等。

一是产业园区是促进城乡融合发展的重要载体。"一花引来百花开"，产业园区建设过程中，引导项目向园区落地、企业向园区集中、产业向园区集聚，形成规模效应与集聚效应，成为县域经济发展的主战场、招商引资的主平台、企业发展的孵化园，增强了县城辐射带动乡村发展的能力。例如，广东省共创建288个省级现代农业产业园，实现主要农业县全覆盖，成为广东省乡村振兴和县域经济发展的重要引擎。第一轮省级现代农业产业园总产值达3308亿元，辐射带动农民就业创业超过150万人，现代农业产业园二三产业产值过半，产业园内农民收入增长超过两成。四川省开江县打破城乡、镇村界限，全域建设15个现代农业园区，探索经济事务与行政事务适度分离的园区管理模式，架构"领导小组+党工委（管委会）+专家咨询委员会+国有企业+乡镇"的管理体系。

专栏2-4 浙江省德清县高质量发展现代农业产业园探索城乡融合发展

浙江省德清县现代农业产业园围绕产业兴旺、共同富裕目标，以"四个聚焦"为抓手，加速推进水产种业硅谷、现代渔业创新引领区、产业融合发展先行区、绿色生态养殖示范区"一谷三区"建设，打造成为渔业高质量发展集聚热地、优新科技应用高地、渔旅融合新地，在城乡融合高质量发展上走出一条新路子，主要做法是：

一是聚焦龙头带动，推动主体引育双轮驱动。坚守粮食安全底线，全面推广稻渔综合种养模式，面积达1万亩，稻鳖共生基地被认定为首批国家级稻渔综合种养示范区。做好引育并举文章，培育欧诗漫集团等经营主体313家，新引进浙江省水产种业公司、百源康等高新企业5家，百源康获2021年全国农村双创大赛三等奖。探索校地合作共建，与清华大学等院校合作，高标准打造院士专家工作站、渔业科创孵化中心和"南太湖2号"罗氏沼虾种子资源库。"三元杂交虾苗的培育方法"等获国家专利，种业硅谷建设位居国内前列。

二是聚焦改革集成，推动资源要素双向流动。深化"两进两回"，率先推出"人才码"，实现"一码走德清"，培育渔业领军人才、新型农村实用人才、职业农民 730 名，每年吸引大学生返乡人才 600 名以上。鼓励土地集聚，推进农村承包地流转，率先打造"承包地流转"应用场景，园区内实现土地流转率 96.1%，适度规模经营率 92.8%，土地产出率 1.92 万元/亩。实现绿色发展，探索农业生态复利模式，在"种虾+技术指导"的 GEP 转化上，实践出"生态产业—生态产值—生态产能—生态产品"的共富路径。完善金融投入，创新推出"农企振兴贷"，破解农业生产设施抵押贷款难问题，率先推出空白宅基地贷款并延伸至公积金贷，被群众赞誉为农村版的"按揭建房"。撬动社会资本投入资金 16.52 亿元，金融机构贷款投入资金 94.97 亿元。

三是聚焦硬件建设，推动公共服务优质共享。以国家现代农业产业园创建为契机，围绕人的全生命周期服务管理，促进公共资源高效合理配置，全面构建"一老一小"全龄友好型社会，深入实施"优学德清""善行德清""颐养德清"等系列工程，更高水平实现了农村幼有善育、学有优教、劳有厚得、病有良医、老有宜居、弱有众扶，切实提升农民获得感。依托县域城市大脑，加强数据共享开放，激发数字农业活力，完善全产业链机械化托管服务，实现机具共享共用、农户共同受益，2021 年德清县农事服务中心被列入全国农业社会化服务创新试点。建立健全县乡村三级配送体系，打通农产品上行通道，实现了快递进村率达 100%，2021 年全县农产品线上交易额达 16.1 亿元。县域数字农业农村发展水平连续两年排名全国第一。

四是聚焦品牌建设，推动农业农民提质增收。打响"百村千企带万户"共富品牌，充分发挥强村公司、农业企业带动作用，建立长效利益联结机制，产业园内村均集体经营性收入达 121 万元，农村居民人均可支配收入达 5.66 万元，超过全县平均 33%，户均增收达 11%，如下渚湖街道"天际森谷"项目带动 305 户入股村民每户每年增收 2000 元以上。实施百村万幢（套）农房盘活利用工程，盘活农村闲置资产资源，拓展农村三产融合发展空间，已盘活农房 1570 宗，增收 700.8 万元。打造县域农旅融合发展标杆，开通旅游专线，成功举办中国农民丰收节暨美丽中国田园博览会，2021 年接待游客超过 59.7 万人次，休闲农业和乡村旅游营业收入达 15.88 亿元。

二是产城融合促进产业发展与城乡建设协同发展。产城融合按照产业发展与城乡建设同步进行、协调配合的理念，遵循生产空间集约高效、生活空间宜居适度、生态空间山清水秀的原则，科学规划空间发展布局和功能分区，实现产业与城乡功能融合、空间整合，达到"以城促产、以产兴城、产城融合"的协同发展格局。产城融合能促进产业的高效聚集，有利于增加就业人口，规避盲目城镇化带来的空城、空村现象，有利于构建现代产业生态体系，增强产业自我更新能力，有利于城镇化有序推进，促进城乡融合发展。例如，四川省眉山市坚持以现代农业园区为载体，按照"全域规划、全业融合、全链提升、全民共享"的发展思路，将农业产业提档升级与城镇建设同步规划、同步建设，推动城乡融合发展。眉山市规划建设 50 个现代农业园区，覆盖 68% 的乡镇，成功建成国家级农业园区 3 个、省县级现代农业园区 3 个、培育省级现代农业种业园区 2 个，"味在眉山"食品产业销售收入突破 1000 亿元。

专栏 2-5 四川省眉山市以产城融合促进城乡融合发展

一是产业主导规划园区。依托"产业集中、企业入园、集群发展"的思路，指导城市建设、加工园区和产业基地同步规划，推动泡菜加工企业从分散无序向集中集约转变。在岷江东岸建设面积 10 余平方公里的眉山"中国泡菜城"，核心区面积 3.5 平方公里，园区已引进川南、李记、惠通等 47 家泡菜企业入驻。中法农业科技园计划投资 300 亿元，建设生态农业、欧洲风情小镇、农产品精深加工、农业科技孵化教育综合体，打造集生命美学、生态美学、生活美学为一体的全新法式生活城镇，2018年获得第六届中法两国地方政府"创新合作奖"。

二是产城一体建设园区。引进万科集团投资300亿元在眉山"中国泡菜城"整体打造崇礼新城项目，以"水城交融""八大载体"为主题，把眉山"中国泡菜城"园区与相邻2个乡镇统筹规划、一体布局，打造成为6平方公里、聚集5万多人的现代城市综合体。目前，该项目完成投资135亿元，成为眉山中心城区重要组成部分。青神县多渠道筹资26亿元，建设8.6平方公里竹里走廊、竹里湿地、竹里巷子、竹里院子、竹里稻乡、竹博物馆于一体的"中国竹艺城"，形成"美丽竹林风景线"。

三是产村相融提升园区。着力把园区建成现代的田园、宜居的家园、休闲的公园、乡愁的诗园。岷江现代农业园区建成7万亩连片高标准农田，发展粮经复合和高端水果花卉基地，园区土地流转率达90%，被认定为"国家农业产业化示范基地""全国农村创新创业园""中国农业公园"。仁寿县橙色田园现代农业园区整合实施土地整理和城乡建设用地增减挂钩等项目，融资4亿多元，建设覆盖4个村的田园综合体，采取统一规划、村民自建的方式，改造2000余户民宅，完善人居环境治理设施，配套特色民居民宿，构建美丽宜居宜业新乡村。

三是数字化转型赋能城乡全面融合。自党的十八大以来，党中央高度重视发展数字经济，数字经济发展速度快、辐射范围广、影响程度深，能够有效打破城乡地理空间限制，加速城乡产业要素流动，精准对接公共服务供需，日渐成为县域内城乡融合发展的重要抓手。例如，山东省菏泽市曹县通过大力发展电子商务促进城乡融合，一方面，推进城乡基础设施一体化，构建了"县级分拨中心、镇街物流配送、村级服务站"三级物流体系，为农产品上行提供强大物流支撑，农村电商年销售额达到281亿元，曹县发展为全国第二大电商产业集群，先后荣获全国电子商务促进乡村振兴十佳县域、国家级电子商务进农村综合示范县、中国十大农村电子商务典型县。另一方面，加大农业龙头企业培育力度，曹县规模以上农副产品加工企业323家，大部分是劳动密集型企业，有42万名群众从事木制家具产业、35万人从事演出服饰及汉服产业，极大地促进了城乡之间资金、人才、土地等要素流通，对实现就地城镇化、促进城乡融合发挥了重要作用。

四是产学研融合创新驱动城乡高度融合发展。产学研融合既能够破解农业科技与产业"两张皮"问题，加快推动农业农村现代化；又能够搭建科学家、企业家、金融家"同台唱戏"的大舞台，让科学家找到承载成果转化的企业，让企业家找到高转化性成果，让金融家找到投资热点，加快推动科研成果推广转化，推进城乡融合。例如，南京国家现代农业产业科技创新中心聚焦"农业硅谷"建设，集聚融合高水平科研团队、高科技企业、高质量基金、高转化性成果、高效率服务中介机构打造创新共同体，成为城乡融合发展的重要"枢纽"。通过实施农业产业提升、农产品品牌塑造、农业基础设施改造、农文旅融合发展、创新创业人才培训"五项工程"，推动浦口区打造农业高标准示范样板、农业高科技应用场景和农业高质量发展风景；以南京农创园科创投资集团有限公司为抓手，做优平台运营商、做活科技服务商、做大产业投资商，将自身发展同推动区域农业发展紧密融合；梳理形成"十大技术""十大产品"和若干服务套餐，为全省农业区县、省级和国家级农业产业园提供整体解决方案，助力全省乃至全国农业农村现代化。

3. 工农互促融合模式

工农互促融合模式的主要特点是，在工农发展上，立足工业优势，带动"三农"发展，打造"工农互促"的产业格局。在城乡关系方面，推进基础设施一体化和公共服务精细化建设，形成县镇（乡）村各级功能分化、各司其职的城乡格局。在要素流动方面，劳动力以县域为单位，在一二三产业合理分布，在县、镇（乡）、村自由流动，形成"亦城亦村、亦工亦农、进退有据"的稳定城乡融合格局。在产业发展方面，形成工业和农业相互支撑的格局。在工业的"大年"，工业盈余反哺农业，促进现代化农业的发展；在工业的"小年"，发挥农业的"大后方"作用，支撑县域度过经济寒冬。

一是一二三产业齐全，产业分布纵横有序。在纵向上，县镇村三级层次分明。县城一级作为生活性服务和城市经济的发展载体，负责承接第三产业；乡镇一级承接第一产业与第二产业，工业园区、社会化服务和统购统销组织设立在乡镇；农村一级主要负责农业生产和简单的农产品初加工。在横向上，县域统筹配置，保障乡镇间工农结合、互补均衡。县政府发挥要素统筹配置作用，针对工业强镇，鼓励产业升级，保证地方可用财力；针对工业偏弱的镇，筹措县域内财力和资源，扶持这些乡镇重点发展农业，保障粮食任务保质保量完成。

二是发挥工业优势，带动农业农村农民发展。工业对"三农"的带动，一方面，体现在为农民提供稳定的收入，特别是有些县城，工业基础好，经过多年积累，产业链条相对完整、产业集群自成体系，能够吸纳大量农村劳动力，农民在企业上班，工资高且比较稳定，保障了家庭收入。另一方面，体现在工业对农业农村的反哺，工业发展增加地方可用财力，保障了县财政能够持续投入到改善民生事业中，提升农业农村基础设施，从而实现城乡水路电网管一体化建设。在此基础上，农民有了较高的收入，对农业生产的依赖程度大大降低，在一定程度上提高了县域内耕地流转率，促进农业生产从小农经营转向集约化、规模化发展，在此过程中也为那些年龄超过 60 岁、在工厂找不到工作的农民创造了更多的就业机会。

三是以技术和组织助力农业发展提质增效。农业发展不能仅靠在量上"内卷"，还需要在质上"提升"。一方面，政府在生产和需求两侧做好文章，既对接农产品需求侧，鼓励农产品加工企业扩能提效，更好消化本地农产品；又引入工商资本，加大对农业的投入，促进农文旅融合发展；引进先进农业社会化服务企业，从而搭建覆盖农业的全链条服务，推动粮食生产走品质化、标准化、数字化路线。另一方面，农业要实现现代化，必须有组织化的基层社会基础，而基层党组织就成为联结小农户和大市场的

"中间人"，一个好的基层党组织能够把小农户及各种资源要素进行整合，从而链接外部资源，将小农户更好地镶嵌到完整的产业链条之中。

例如，四川省巴中市巴州区在清江镇、曾口镇等6个万亩中药材园区推行"大园区+新型经营主体""龙头企业+市场经纪人"模式，加快构建一二三产业有机衔接的产业链。组建了国有全资企业巴中秦岭药业有限公司，以药材种植园区为载体，引进培育龙头企业、专业合作社等新型经营主体900余个，通过入园务工、作业分包、技术、资金和土地入股等形式，实现了资金、技术、人才等资源要素由城市向农村集聚，有效解决了6.8万名农民就业。

内蒙古自治区呼和浩特市的产城融合项目——伊利现代智慧健康谷，以生态为基底，以乳产业为主导，以敕勒川乳业开发区为平台，聚焦打造以乳产业为核心的"千亿级产业集群"，形成绿色环保生态区、产业融合发展区、科技人才聚集区以及生活服务配套区四大板块，实现生产、生活、生态"三生融合"的可持续发展。一是打造核心启动区。园区投资30亿元打造奶粉全球智造标杆基地，不仅集聚了"大数据、物联网、人工智能、5G"等高新技术，更是目前全球单体规模最大、技术最先进、智能化程度最高的高端婴幼儿配方奶粉生产基地，正式投产后可带动1500人就业，年产能达6万吨。同时，园区投资50亿元建设液态奶全球智造标杆基地，占地面积约950亩，依托工业互联网、5G、BIM技术打造世界一流的数字化工厂。此外，还规划建设年产3万吨的奶酪全球样板基地。二是建设核心发展区及全域协同发展区。基于"3110+N+X"产业布局，即3个产业项目、1个国家乳业技术创新中心、10个规模化奶牛牧场、N个基础配套设施项目和X个产业链上下游配套项目。三是完善基础设施与公共服务配套设施。为满足未来居民生活及入住健康谷企业需求，提升园区承载能力，伊利现代智慧健康谷全域范围内规划了"八横八纵"的骨干路网和市政配套设施。

陕西省宝鸡市依托资源和产业优势，形成包括食品工业在内的优势产业集群引领的全新工业体系。按照"总部引领、园区支撑、龙头带动、规模经营、集群发展"的思路，重点支持县域内休闲食品、特色民俗食品和新兴食品产业发展，推动县域内食品工业产业现代化、集群化发展。一是依托龙头企业，带动全产业链发展。例如，陇县建设奶山羊养殖场和高端羊乳基地，和氏乳业、飞鹤集团（小羊妙可）带动当地奶山羊养殖、羊乳粉生产、鲜羊乳加工等产业发展，带动农民增收；凤翔县的西凤酒、国粹凤香酿酒、金凤酒业实现了"产、销、建"三路齐进，带动了周边高粱种植生产；扶风县的华龙农庄面粉、凤友油脂、新希望农牧带动了当地小麦、大豆等粮食种植和生猪养殖，打造独具特色的县域品牌。二是依托资源禀赋，聚力三产融合发展。在宝鸡市的平川、山塬、谷地之中，孕育出了多层次、多样化的首位产业。例如，眉县建设猕猴桃园区，形成集会展贸易、科技研发、技术交流、仓储加工、信息服务、物流集散、产业标准化导向和休闲观光等功能于一体的国家级猕猴桃批发交易中心，在农业产业带动下，工业经济快速发展，实现一二三产业融合发展。宝鸡市加快推进农业特色产业"3+X"工程和"十园百企千亿"工程，推进食品工业产业发展。加快建设县域特色产品基地和食品加工园区，打造优质粮食基地、优质果园基地、高端奶源基地、优质蔬菜基地和优质畜产品基地等，提升食品加工园区承载功能，完善园区基础设施和公共服务平台。重点发展特色加工产品，如主食（烘焙）、酒类、畜禽类、果蔬饮品和民俗食品等，延伸产业链、供应链和价值链，引进规模大、实力强、品牌好的精深加工领军企业，同时，搭建创新平台，加强食品工业科技创新。强化农产品质量安全监管，开展食品质量安全提升行动，引导企业建设规模化、标准化、智能化食品生产工厂，支持企业开展食品安全质量管理体系认证。推进农商互联供应与多元化市场建设，积极实施"走出去"战略，启动"五年百市千店"营销行动，实施"互联网+农产品"出村进城工程，开展"百镇千企万人"电商创业行动，促进县域内产业增效和农民增收。

4. 生态资源利用模式

良好的生态环境具有较强的"先天性"，离不开独特的地理位置、气候条件、地质构造等，这也决定了其具有较强的区域性，为城乡融合发展创造了先天条件。利用生态资源促进城乡融合发展的地区，都坚持"绿水青山就是金山银山"的发展理念，以产业链思维、生态圈理念发展绿色经济，将资源优势转化为产业优势，推动实现生态保护与经济发展"双赢"。

一是以良好的生态环境为依托，推进农文旅融合。进入新时代，人们对良好的生态环境的向往日益强烈，不少地方正依托独特的山水风光、绿色生态、人文历史等丰富的乡村资源，大力发展田园观光、特色民宿、创意体验、亲子研学等乡村旅游业态，让绿水青山变成金山银山，激活乡村经济，涌现出一批批乡村旅游优秀典型。例如，广西壮族自治区河池市是国家绿色生态示范区，以"名山、秀水、富硒地、好空气"著称，森林资源丰富，森林覆盖率达 60.38%，空气中负氧离子含量是国家标准的35 倍，有"天然氧吧"之称，有九华山、牛牯降等国家级风景名胜区。凭借着巴马"世界长寿之乡·中国人瑞圣地"的生态优势，河池市以生态产业辐射带动周边县域发展，推进城乡融合。在市级层面推进城乡一体化，以巴马瑶族自治县为中心，以巴马品牌优势为抓手，统筹周边县域，坚持规划一体化、品牌一体化、基础设施一体化、公共服务一体化、生态保护一体化，推进城乡之间污水处理、道路交通、电信通信等基础设施一体化建设，创立县乡医联体连接县乡医院，协调县域和城乡河流治理，实现周边区域联动发展。

二是以优质的生态产品为招牌，促进城乡产业融合。依托生态产品的天然优势，通过建立特色生态农产品产业基地，打造公用生态产品公用品牌，发挥品牌的辐射带动作用，提升区域优质生态农产品竞争力，实现生态产品增值溢价，让农民分享生态产品加工产业链的高附加值。像浙江省丽水市的"丽水山耕""丽水山居""丽水山泉"，江西抚州的"赣抚农品"，福建南平的"武夷山水"等生态产品公用品牌，都是依托良好的生态环境和生态产品而成功打造的。重庆市武隆区曾是国家级贫困县，当地是喀斯特地貌，很多地都是所谓的巴掌地或鸡窝地，发展传统种植、养殖业投入大、收效低，但拥有丰富的物种资源、多样的立体气候、良好的生态环境，在发展"人无我有、人有我优、人优我新"的特色产业方面具有得天独厚的优势。凭借着天生三桥、龙水峡地缝、福龙洞、仙女山国家森林公园、白马山国际旅游度假区等旅游金字招牌带来的人流量，走"小规模、多品种、高品质、好价钱"的现代山地特色高效农业路子，将产业生态化、生态产业化，以"文旅+"赋能中药材、茶叶、烤烟、特色经果林、调味品、生态畜牧等特色产业"链条化"。

三是以休闲旅游康养基地建设，推进城乡深度融合。得天独厚的森林资源、气候条件、地热资源等，为发展休闲旅游康养产业奠定了基础。既能将生态资源变现，又能满足更高要求的养老需求。辽宁省通过建设休闲旅游康养目的地，依托特色文化和旅游资源，加强旅游产品开发和品牌打造，加入京津冀等地区旅游城市联盟，建立旅游文化宣传共享平台，积极创建全域旅游示范区、研学旅游示范基地，推动旅游产业由观光型向休闲度假型转变，打造京津冀休闲旅游度假"后花园"，积极推进健康养老与医疗卫生、体育健身、生态旅游相融合，拓展健康养老新空间，创新健康养老新模式，打造"候鸟式"休闲康养基地。福建省尤溪县依托园区内侠天下和古溪星河2家国家AAAA级旅游景区良好基础，深化森林康养基地建设，持续做好古溪星河景区绿化、松林折伐、林相改造等绿化提升项目，打造生态百草园；侠天下景区夜游项目及以产权酒店为中心的沿湖运动游线项目，推动景区发展朝文旅康养转型升级。四川省巴州市巴州区深度挖掘生态优势。找准生态环境与经济发展、农业产业、乡村旅游结合点，打好生态牌、文化牌、旅游牌，通过保护性开发、多元化生态补偿、非遗文化传承等方式打造地方性生态名片，打造承接城市居民日益增长的物质文化生活需求的重要承接地带，推动经济内循环。建成"枣林鱼"旗舰店103家，天马山、莲花山、化湖等省级森林康养示范基地4处、森林人家6个，精品"巴山民宿"10个，实现了"生态美"和"百姓富"的"双赢"。

专栏 2-6 重庆长寿区以"长寿国际慢城"建设推进城乡融合

长寿区以"长寿国际慢城"为示范引领，因地制宜落实建设用地、乡村治理、公共服务等改革创新举措，破解用地难、推进农村公共服务均等化等经验入选全国案例，获评全国农业产业强镇 1 个、全国"一村一品"示范村 4 个、全国休闲美丽乡村 2 个、全国乡村旅游重点村 1 个、全国乡村治理示范村 1 个。具体探索实践如下：

一是"一体化"规划建设乡村振兴综合体。突破地域"一体谋划"。将"慢生活"理念同"乡村振兴"深度融合，结合区域地貌、产业优势、资源禀赋，跨镇域、村域规划建设覆盖 2 镇、11 村、80 平方公里的"长寿国际慢城"（以下简称慢城），将其作为长寿区建设世界级运动康养旅游目的地专项特别重大项目，打造集慢行、慢食、慢居、慢游、慢娱于一体的乡村振兴综合体。打破壁垒"一体推进"。强化党对慢城项目建设的领导，在区委农村工作暨实施乡村振兴战略工作领导小组领导下，打破行政壁垒，成立由区委常委、组织部部长为组长的项目工作专班，同步组建慢城临时党委，覆盖区域内各镇党政主要负责人、区级相关部门主要负责人任党委委员，抽调区管领导干部和工作人员组成专项工作组集中办公，统筹推动项目建设。整合力量"一体设计"。引入中动漫西南公司、北京土人规划设计院、西南大学乡村振兴研究院、中冶赛迪美丽乡村设计院、四川美术学院等专业团队规划设计慢城各类建设项目。规划设计过程中，邀请基层干部群众代表全程参与各个环节，充分吸收民意、展现本土特色。

二是"产业化"带动农文旅全产业链发展。打造柑橘全产业链。以柑橘为核心产业，坚持市场导向推进柑橘产业供给侧结构性调整，推动产品线由"晚熟"向"中熟"延伸、由"大宗"向"精品"延伸。同中国科学院柑橘研究所、市农业科学院、合作引育各类特色柑橘

品种 18 个，建成柑橘高标准冷库和分选线 5 个，改造提升柑橘果园
2.1 万亩，产品远销俄罗斯、我国澳门等国家和地区，带动 150 户农户
年户均增收 7000 元。深挖产业文化内涵。坚持讲好"慢城故事"，推
动慢城农耕文化、柑橘文化与现代元素有机融合，推出沙画、竹编、
陶瓷长寿柚等五大类 72 种文创产品。鼓励村民、企业使用闲置农房、
土地发展乡村民宿、乡村露营等旅游产品。探索"慢""漫"融合，同
中动漫西南公司合作导入乡村动漫产业，在慢城规划打造乡村动漫基
地。开发特色旅游业态。以万亩橘园为本底，保持柑橘种植区、山林
涵养区、经济作物种植区生态基底，打造君子山居民宿区、陶艺手工
文创区、水街亲水体验区、无动力乐园亲子活动区、星空帐篷露营区
等新型产业集群。制定慢城招商引资优惠政策，通过租金减免、资金
奖补等方式，吸引培育涵盖餐饮、住宿、娱乐等 40 余家旅游刚需及改
善型业态。

　　三是"市场化"探索乡村经营发展新模式。用活国有资本。组建
"长寿乡村建设集团"政府平台公司，集中资源投入慢城各类工程项目
建设。集团下成立子公司长寿慢城文化旅游公司，由村集体入股合作，
负责慢城项目的运营管理。投入国有资本同中动漫西南公司合资组建
漫城乡村规划设计研究院和漫城文旅发展公司，负责慢城动漫产业的
规划设计和建设管理，探索政府平台公司职能由"管资源"向"管资
本"转变的新路径。增强企业联合。针对慢城范围内柑橘生产企业
"大而不强"的问题，制订了"一企一策"方案，全面提升企业发展
水平。坚持党建引领，对长寿柑橘协会进行换届重组并成立协会党支
部，选派第一书记全方位指导柑橘产业发展各项工作，搭建政府、企
业、村集体、农户深度合作平台，形成以协会为载体，统一技术和管
理服务、产前产中产后全链条融合发展的新模式。带动农民共富。探
索"龙头企业+农担公司+村集体""村集体+供销社+合作社+农民"
利益联结模式，组建农业服务合作社，开展农业全程社会化服务。探

索劳务合作型模式，组建龙河镇"兴保合"劳务股份合作社和植保专业合作社，承接基建项目、开展社会化服务，实现农民就地就业、增收致富，参社农民户均增收达到5000元以上。

四是"体系化"共建共治共享美丽新乡村。构建制度体系。在慢城临时党委的统一领导下，建立分层分类决策机制，日常性工作由项目专班决策实施，项目建设重大事项由临时党委决策，涉及大额资金、规划、政策层面的重大事项严格按照区委常委会会议、区政府常务会议规定进行决策。建立量化考核机制，在慢城核心区各村试点探索党员积分评星管理制度。构建治理体系。推广"积分制"，引导村民对房屋内部进行装修整理、对公共空间进行清扫，共同打造美好的生活环境。探索"湾长制"，选派基层干部到湾落担任"湾长"，进一步紧密干群关系。创新"基数加因素""村民议事会""三级联动制"，下放村级公共服务和社会管理专项资金管理权、使用权和监督权，变农村"公共事"为农民"自家事"。构建人才体系。制订慢城人才行动方案，加强人才培养、人才集聚、人才服务，引导各类人才投身乡村建设。策划"慢城人、慢城梦"专项报道，发挥先进典型示范引领作用，"用慢城事引导慢城人，让慢城人诉说慢城事"。在全市率先推行村（社区）干部学历提升学费补助办法，提升基层带头人素质能力。

5. 农业产业高质量发展模式

农村发展不充分是当前我国城乡融合最大的短板，也是促进城乡融合最大的发力点所在，而产业振兴是乡村全面振兴的重中之重，农业产业高质量发展是应有之义。当前，我国农业产业高质量发展呈现出诸多特点，乡村特色产业渐成体系，现代种养业转型升级，农产品加工业势头强劲，乡村休闲产业蓬勃发展，乡村新型服务业创新拓展，产业发展主体活力不断显现。

第一，"一县一业""一县一品"是县域经济错位发展的重要抓手。

我国县域要素资源禀赋差异较大，各异的县域自然条件和风土人情造就了各自不同的优势和特色，也决定了县域之间可以走差异化的发展道路。"一县一业""一县一品"是破解特色产业小散弱的有效路径，是县域经济发展的重要突破方向。一是在立足区域资源禀赋、产业基础和区位条件的基础上，准确定位地方特色，凸显比较优势。立足县情乡情村情，因地制宜科学合理地选择乡村特色产业，以特定产业发展所独有的光照条件、海拔气候、生态环境等自然优势，形成与众不同的差异化发展定位，避免产业的同质化发展和恶性竞争。二是科学研判市场需求和潜在风险。对于能适应市场需求变化、市场规模较大、产业关联度高，或能够开发出新市场需求、发展前景广阔，成长性很强的产业，可以作为乡村特色优势产业加以培植。例如，特色有机农业就是适应消费者消费理念和健康理念升级、发展前景好而做出的产业选择。三是看产业发展是否符合绿色生态要求。如果产业发展虽有较好的经济效益，但长远来看会对生态环境造成破坏，无法实现地方经济可持续发展，就要坚决放弃。例如，陕西省柞水县建立了一个完整的木耳产业链条，涵盖菌包生产、大棚建设、产品销售、深加工以及附加产品生产等，带动了整个县域经济的发展，被习近平总书记称赞是"小木耳大产业"。四川省广元市发展特色农业产业，打造了统一对外的品牌"广元七绝"，统一品牌、统一标准、统一推向市场，形成抱团，避免了区县之间的恶性竞争。安徽省六安市发展"一县一品"成效突出，如六安瓜片有近 90 万亩种植面积；霍山县发展石斛产业，霍山石斛被称为"九大仙草"之首，产值、利润很高；霍邱县的小龙虾，养殖面积达 80 万亩。

第二，一二三产业融合发展是带动乡村发展推动城乡融合的必然选择。加快一二三产业融合发展，能够把产业链主体留在县城，把就业机会和产业链增值收益留给农民。在横向上，打造农业的全产业链，推动产业向后端延伸，向下游拓展，由卖原字号向卖品牌产品转变，推动产品增值、产业增效。在纵向上，拓展产业功能，促进农业与休闲、旅游、康养、生态、文化、养老等产业深度融合，丰富乡村产业的类型，提升乡村经济价值。例如，陕西省宝鸡市大力发展"接二连三"的食品工业，打造千亿级优质高端食品产业集群，建立了优质专用粮、优质果品、绿色蔬菜、高端乳业、优质畜产品、区域特色农产品六大优质农产品生产基地，持续壮大以"龙头企业+骨干企业+配套中小企业"为支撑的食品工业产业集群，围绕猕猴桃产业建成产加销一体化的全国猕猴桃产业集群，在乳品加工行业形成畜牧养殖、繁育和乳加工产业集群，以西凤酒为龙头带动白酒包装、运输、储藏等全产业链发展，食品加工业成为农业现代化的核心引擎和县域经济发展的骨干支撑。

第三，培优培强农业产业发展主体，为乡村产业发展注入动能。农业龙头企业、农民合作社、家庭农场等都是乡村产业发展主体，特别是农业龙头企业，抵御市场风险和资本风险的能力强，带动农户和合作社发展的能力强，是一二三产业融合发展的关键力量。广东省在推进乡村产业振兴的过程中，狠抓主体培育，一方面，培优做强农业龙头企业，加强国家级、省级农业龙头企业的优选认定，积极组织农业企业参加各类展示展销活动，全面展示广东农业产业化发展成果，共有30家农业企业入围中国农业企业500强，支持农业企业牵头创建农业产业化联合体，引导农民合作社和家庭农场内强素质、外强能力。另一方面，培育乡村产业发展人才，省发展改革委等8部门印发《广东省农村创新创业带头人培育行动实施方案》，为推动乡村人才振兴提供有力支撑，深入推进"粤菜师傅""广东技工""高素质农民培育"等人才培育行动，组建"广东农技服务乡村行轻骑兵队伍"，创建广东精勤农民网络培训学院，实施百万农民技能培训工程，在全国率先开展乡村工匠专业人才职称评价，以"教、创、孵、投"模式打造广东省农业农村创业创新高地，培养新型农业农村创业人才。例如，天津市静海区充分发挥企业作为市场主体的创新作用，积极支持引导农村劳动力多渠道灵活创业就业，一方面，坚持减负、稳岗、扩就业并举，提升农村劳动力综合素质，完善权益保障机制，强化基本公共服务，通过深入调查摸清企业用工需求，进行精准对接，并搭建招聘平台，保持就业稳定。另一方面，充分发挥天津市首批"互联网+农产品出村进城"工程试点企业天津金仓互联网科技有限公司等企业的带动作用，引导企业积极整合农业"产、供、销"等各环节力量，推进农产品生产标准化、加工合规化，打通农产品运输通道，增加农产品品牌附加值，搭建线上线下销售平台，打造农业全产业链服务，帮助农民解决"卖不远""价不高""缺订单"等问题，充分调动农民规模化种植、标准化种植的积极性，用市场化手段促进农户实现稳定增收。

6. 农村劳动力有序转移模式

2020年底召开的中央农村工作会议强调，要推动城乡融合发展见实效，健全城乡融合发展体制机制，促进农业转移人口市民化。农村剩余劳动力有序转移到城市中，既解决了当地剩余劳动力的就业问题，增加就业人员的收入，减少城乡居民收入差距，同时能够促进农村生产方式由粗放式向集约式转变，大幅提升农村生产效率，逐步改善农村基础设施和公共服务水平；又能加快城镇化进程，促进资源配置优化，带动消费结构完善。同时，县域的地价便宜，税收政策比较优惠、劳动力资源丰富且价格低廉，通过承接大城市的产业转移，能够为县域经济发展带来重大机遇。总之，农村劳动力平稳有序转移能够带动消费需求，提高城乡居民收入和社会全要素生产率，优化城乡产业结构和就业结构，助推城乡居民共同富裕，促进城乡融合。总体来看，劳动力转移促进城乡融合的模式有三种：一是大城市利用辐射效应带动远郊地区村民就地转移；二是易地搬迁集中安置区的村民融入城市之中；三是欠发达地区通过承接产业转移带动剩余劳动力就业。

一是大城市带动型的城乡融合。位于大城市周边的郊区，更容易获得政府的强力推动和市场青睐，进而引入社会多元要素投入。因此远郊乡村应充分借力超大城市资源外溢优势，引导城市的资金、技术、人才等资源要素有序向乡村转移和流动，为乡村提供智力支撑及管理思路。例如，浙江省嘉兴市秀洲区利用自身与核心发展区距离相近的优势，高起点规划构建城乡生产生活生态新空间，营造繁华都市主城区与特色新城镇、美丽新乡村融合发展新格局，加快推进由城郊区向产城高度融合、城乡高度融合的现代化主城区迈进，全面提升秀洲城乡发展能级，推进城乡基础设施互联互通，城乡公共服务均等共享，城乡社区治理一体化，形成15分钟"公共服务圈""文化生活圈"和"健身圈"。河北省定州市利用区位优势，积极做好京津冀协作的文章，引进非首都功能的项目；同时，重视对小作坊进行提档升级。虽然这些产业科技含量不高，好多还是贴牌生产，但只要规范引导，做到质量合格、安全保障，就能解决百姓就地就业问题，还有不菲的收入。

二是通过易地搬迁集中安置实现城乡融合。在彪炳史册的脱贫攻坚战中，我国有960万人通过易地扶贫搬迁实现"挪穷窝""换穷业""拔穷根"的目标，通过集中安置，实现了产业持续发展、就业稳定充分。例如，广西壮族自治区隆安县易地扶贫搬迁震东集中安置区全面完成5847户24423人的搬迁任务，集中居住的相对廉价劳动力，转化成了安置区的发展优势。隆安县集中力量推进农民工创业园建设，引进产业项目，引导搬迁劳动力就近就业，确保有劳动力的搬迁户每户都有1人以上实现稳定就业。已建成75栋标准厂房，引进企业59家，提供就业岗位5500多个，带动2800多人实现就业。浙江省泰顺县紧扣"小县大城关、小乡大集镇"发展布局，按照"下得来、稳得住、富得起"的九字方针开展生态搬迁。建立8类搬迁农户清单确定搬迁范围，推行"最多搬一次"的安置模式，破除乡镇区划限制，做到一步到位、集中搬迁安置，实现"下得来"。支持党群共建、资源共享、邻里共助、文明共创，让搬迁户尽快融入新社区，实现"稳得住"。在搬迁小区周边配套建设小微创业园、竹木产业加工园、来料加工企业等一批工业平台，帮助搬迁农民在"家门口"就业，积极构建"农民下山、产业上山""搬家不搬田"的可持续发展模式，鼓励搬迁农民通过租赁、流转土地山林权等方式盘活农民资产，获得租金、股金、酬金等收入，实现"富得起"。

三是欠发达地区，通过承接产业转移，实现剩余劳动力就业，提高居民收入，促进共同富裕。转移的产业有劳动密集型产业和低端制造业等。例如，辽宁省朝阳市的农村剩余劳动力较多，为解决劳动力就业问题，一方面，通过技能培训促进外出就业，特别是很多妇女通过培训到北京、天津、沈阳、大连等市从事月嫂、保姆等家政行业。另一方面，通过承接产业转移带动就地就业。北京、大连、长春乃至韩国的一些劳动密集型企业看中了本地丰富的劳动力，而不断向朝阳转移，从而解决了农村地区大量剩余劳动力就业。

（二）金融在推动城乡融合发展中的作用机制

习近平总书记多次指出，金融活，经济活；金融稳，经济稳。对标全面推进乡村振兴，加快农业农村现代化的重大任务，推动城乡全面深度融合，离不开金融"活水"的支持与保障。

1. 搭建交流服务平台，建立供需双方对接机制

为了有效缓解农村金融信息不对称，融资难、融资贵等难题，四川省成都市利用金融科技创新推出"农贷通"金融综合服务平台，打造"线上+线下"运营体系，集信用体系、普惠金融、产权交易、财政金融政策、资金汇聚等服务于一体，实现了用户融资需求与银行产品精准匹配。邛崃市通过"农贷通"累计发放贷款 29.11 亿元，共 2448 笔；郫都区通过"农贷通"累计发放贷款 48.10 亿元，共 1102 笔。建设银行吉林省分行为了弥补在镇村网点不足的短板，与村（社区）"两委"、商户等合作，共建"裕农通"服务阵地，促进资金需求与金融资源更好对接，在吉林省打造 10000 余家"裕农通"服务点，为周边农村客户提供转账汇款、代理缴费、查询、消费结算、理财、保险、贵金属等金融服务及合作方非金融服务，并加强与公安、社保、交通等政务平台对接，将政务服务延伸到田间地头；在吉林省 10 个县域搭建三资管理平台，助力农村集体资产实现财务管理制度化、规范化、信息化。同时，把握农村集体经济组织赋码工作契机，为农村集体组织提供支付结算、现金管理、资金监管等配套金融服务，并搭建智慧村务综合服务平台；以肉牛全产业链信息化管理为基础，搭建肉牛交易综合服务平台，用数字金融打造出乡村振兴特色产业的智慧新模式，已吸引省内 240 余户养殖大户及养殖企业入驻。

2. 创新推出金融产品，服务多元主体金融需求

金融机构紧扣乡村发展需求，不断创新推出金融产品，打造了覆盖农户、村集体、农村基础设施、农村产业等各个领域的乡村振兴贷款体系。建设银行河南省分行推出商户贷、结算贷、抵押贷、农险贷、香菇贷等十几个贷款产品，合计贷款余额30.67亿元，有力地支持了农业产业化龙头企业、农民专业合作社、家庭农场等涉农主体的发展壮大；建设银行四川省分行推出"第一书记振兴贷""蜀兴农贷""强农贷"等信贷产品，为从事农产品和涉农品牌经营的小微客户提供专属化信贷服务方案；农业银行自2020年以来创新推出了"兴蜀贷""乡村振兴园区贷""良田贷""乡村人居环境贷"等金融产品，支持集体经营性建设用地抵押贷款、园区建设及运营、高标准农田建设以及农村人居环境提升。建设银行吉林省分行创新优化肉牛活体抵押贷款产品，助力做大做强肉牛产业，开发专门针对鹿养殖产品，支持梅花鹿产业发展。嘉兴市秀洲区农商行设立专项信贷资金20亿元用于支持村级集体经济，已累计发放村级组织类贷款83户，累计发放金额4.19亿元。成都农商银行郫都支行创新推出"乡贤贷""振兴贷"，为小型农业经营主体提供信用贷款，为大型涉农经营主体提供担保贷款。

3. 盘活农村土地资源，促进城乡资源要素流动

土地是打破城乡发展壁垒的关键因素，土地制度改革为金融机构助力城乡融合发展创造了可行路径。在农村土地经营权抵押贷款方面，河南省长葛市推进农村承包土地经营权抵押贷款试点工作，探索出"农地经营权抵押+贷款保证保险+风险补偿"贷款模式，累计投放金额4.8亿元，共443笔。建设银行吉林省分行开展"红本贷"，获取吉林省农业农村厅推送的全省330万农户土地确权数据，以土地经营权为授信基础，为涉农小微企业、新型农业经营主体、农村经济组织及农户等提供"裕农快贷"等产品。在集体经营性建设用地入市方面，河南省许昌市鄢陵县、建安区、襄城县等地集体经营性建设用地均有入市，截至2023年4月，集建地抵押贷款规模700余亩，共20余笔。建设银行郫都支行通过对区属国

有公司乡村振兴公司追加授信，申请流贷资金，用于其参与农村集体建设用地腾退整理项目。建设银行郫都支行针对团结街道宝华村集体建设用地整理项目及客户支用计划，发放贷款 500 万元。在深化农村宅基地制度改革方面，郫都区通过分类探索宅基地有偿腾退、有偿使用机制，通过以宅换房、统筹安置等模式，引导 850 户农户自愿有偿退出宅基地 535 亩，结合饮用水源保护区生态搬迁，将腾退复垦的宅基地指标调整到川菜产业园区，拓展了乡村产业发展新空间。在此基础上，金融机构积极参与其中，作用显著。如中国农业发展银行和成都农商银行西区支行探索出宅基地有偿腾退"郫都模式"，为郫都区子云村、平乐村宅基地有偿腾退项目融资 17.53 亿元。

4. 支持农村产权融资，助力盘活农村各类资产

完善现代农村产权融资体系，对盘活农村资产、壮大集体经济、促进乡村振兴和实现共同富裕具有重要意义。金融机构的参与能够完善农村产权抵押权能，推动农村产权融资扩面增量。辽宁省海城市聚焦农业设施抵押担保融资中的农业设施确权颁证难的问题，探索出土地流转经营权认定和农业设施所有权颁证相互绑定、互为前提、"地随棚走"的确权办法，让农村温室大棚、养殖禽舍、果品贮藏库、粮食晾晒场等农业设施有了"身份证"。累计开发 14 种农业设施抵押融资产品，颁发农业设施所有权证 811 个，为农业经营主体抵押融资 14.63 亿元。陕西省杨陵区探索生物资产抵押品动态评估模式，以生猪浮动抵押贷款为试点，开发生物资产动态估值系统，通过对猪脸信息、体重信息的物联网数据收集和价格信息的互联网数据采集，实现对生猪各个生长阶段的精准计量、公允估值、科技风控、动态抵押，让生物资产变成了合格的抵押品。截至 2022 年上半年，全区生物资产贷款余额 1700 万元，累计投放 17395 万元，该模式还可推广应用于牛、羊、苹果、猕猴桃等产业。河南省长葛市建立农村产权抵质押物价值评估机制，由各金融机构委托具备资质的第三方评估机构对农村产权价值进行评估，同时，完善农村产权交易平台建设，规范产权流转交易程序，畅通依法处置抵押物、实现抵押权渠道，做好信息发布、产权查

询、指导交易等服务工作，促进三资平台与金融机构信息对接，并加强对平台的宣传推广。

5. 支持集体经济发展，实现农民农村共同富裕

发展壮大农村集体经济既是夯实农村发展实力、带动村民增收致富，提升群众获得感、幸福感、安全感的有效举措，也是促进城乡融合发展的关键内容。近年来，金融机构围绕支持新型农村集体经济发展不断创新。如建设银行总行推出"集体三资"集建地版、农业生产托管版系列贷款，针对性地将农村集体经济组织及其控股的公司作为授信主体，依托系列贷款产品为符合条件的农村集体经济组织提供固贷及流贷资金，以满足村集体厂房修建、土地平整、农业生产周转等不同资金用途，为集体经济发展的多种模式提供融资服务。农业银行成都西区支行开立村集体经济组织账户70余户，目前已推出"农村集体经济组织贷款"和"强村贷"等产品，最高金额达2000万元。邛崃等地的农业银行开展"强村贷"项目，对村集体经济发展提供启动资金支持，200万元以内可以提供信用类贷款，抵押类贷款可以达到1000万元。德清农商行设立专项信贷资金20亿元用于支持村级集体经济，已累计发放村级组织类贷款83户，累计发放金额4.19亿元。同时深化强村项目的融资保障，推动银行机构做好村级固定资产投资、小微园区改造、强村文旅项目等的信贷支持，目前县农商行已经累计给强村公司授信2亿元，用信1.67亿元。中原农险通过"保险+资金+村集体+大田种植"的模式，对村集体经济合作社流转土地进行风险兜底，2022年在禹州2个乡镇6个村流转土地约3170亩，实现村集体增收60万元。农业银行为满足农村集体三资管理需求，大力推进三资平台建设，现已在长葛市和魏都区上线该平台，为村镇提供便捷的线上服务。

6. 加强信用体系建设，推进乡村治理提质增效

乡村治理既是国家治理的基石，也是乡村振兴的基础。积分制是基层推进乡村治理的创新举措，无论是"爱心超市""道德银行"，还是"积分储蓄站"，都让无形的乡村治理有了有形的抓手。金融机构的融入，能

够促进挖掘农户信用数据，借助"熟人社会"助力完善乡村信用体系。建设银行吉林省分行通过农地确权数据、土地流转平台及农业生产托管平台，构建精准画像校验系统，并依托总行新一代架构，在微信小程序开发上线了农户评价功能，为各行政村有权评价人提供线上快捷的评价渠道。通过村委有权评价人，批量验证农户种养殖种类、面积、收成、是否涉及黄赌毒行为等关键信息，补充农户画像维度，实现一机在手，一键评价，实时生效，有序推进农村信用评价体系建设。浙江省义乌市陇头朱村在基层治理中创新探索"红梅指数"，陇头朱村借鉴乡村治理"积分制"的实践，创新发展了符合当地特色的评价指数，即"红梅指数"，规范村民日常行为，通过奖励先进、树立标杆的方式，激发村民在参与乡村治理方面的内生动力，主动作为，并将评价成果应用于普惠金融服务，建设银行义乌分行深入分析农户参与乡村治理与农户信用间存在的内在联系，把农户参与乡村治理评价机制引入农户信用评价体系，以"红梅指数"评分为主要依据向农户授信，对"红梅指数"积分前 30 名的农户给予最高 30万元的免担保信贷额度并给予利率优惠。这既创新了农村居民信用评价方法，为农村普惠金融的发展探索了新路径，又拓展了乡村治理成果的应用场景，丰富了乡村治理的价值内涵。

7. 加强基础设施建设，推动城乡基础设施一体化

在城乡融合的大背景下，金融机构不断加大对交通、能源、水利、新基建、新型城镇化等基建项目和重大工程的金融支持力度，不断推动城乡基础设施一体化。比如，建设银行许昌支行大力支持农村饮用水提质增效、农村给排水一体化、天然气改造、河流治理、道路改造项目，累计投放贷款 21.28 亿元。成都市郫都区邮储银行通过与当地城市基础设施建设两大平台公司进行合作，从公贷、投行等多维度提供综合金融服务，同时通过公贷、发债等多种形式助力提升当地农业产业园建设发展。在长春新区专业化产业园区以及园区配套设施建设上，建设银行积极响应号召，最终承贷份额 8 亿元，承贷份额 5.7%。截至 2023 年 4 月，建设银行投放贷款 2.75 亿元。在支持盐碱地等耕地后备资源综合利用项目上，建设银行

吉林省分行与省自然资源厅、松原前郭县政府多次探讨业务逻辑性，制订融资方案。运用总行创新的"高标准农田贷款"，支持社会资本方作为实施主体、建成高标准农田标准的盐碱地改造、土地综合整治项目。通过锁定社会资本方与政府签订协议约定的奖补资金，保证贷款还款来源可靠。截至调研日期，共为松原市前郭县两个土地综合整治项目投放贷款2.13亿元，项目建成后预计新增耕地面积（水田规模）1023.31公顷，新增粮食产能1030.4万公斤。邮储银行德清县支行面向有农房建造、改造、翻新、装修等需求的农户，推广美丽乡村建设小额贷款，单笔贷款最高额度200万元，解决安置户的贷款难题。

8. 加强公共服务建设，促进城乡公共服务均等化

基本公共服务是影响人口流动和生产发展的关键因素，教育、医疗、养老、社会保障等基本公共服务在城乡间如何供给，对县域城乡融合发展具有重大影响。当前，基本公共服务是城乡融合发展中应当格外关注的方面，同时也是金融应该加大支持力度的领域。在促进医疗和教育资源均等化方面，建设银行四川省分行通过开展"县域医共贷"，构建"基层首诊、双向转诊、急慢分治、上下联动"的分级诊疗模式，支持医共体经营周转的流动资金贷款产品，解决群众"看不上病、看不好病、看不起病"难题。在支持县域养老产业方面，银行结合养老产业发展特点和实际情况，持续优化产品供给，助力养老服务体系建设和适老产业发展。例如，建设银行成都分行对中铁文旅集团的"中铁春台文化旅游度假中心"项目进行金融支撑，通过内部银团为客户授信103001万元，现已投放贷款3亿元。在支持幸福产业方面，截至2022年末，建设银行吉林省分行幸福产业（文化产业、旅游产业、体育产业、教育产业、健康产业、养老产业）贷款余额98.70亿元，贷款客户1613户，当年累计发放贷款51.46亿元。县域医院客户贷款余额8.5255亿元，贷款客户20户，比年初增长1.19亿元。在加强公租房保障方面，建设银行吉林省分行针对低保、低收入群体中的重残、重疾人员，不断完善公租房信息管理系统，建设银行网点还为公租房保障对象开户和签约业务开通了绿色通道，并将代

扣事项解释得清清楚楚，住户既省心又省力。如白城市住建局房屋交易中心可定期通过公租房系统完成租金实时扣收和租赁补贴发放，截至2022年8月末，白城市住建局房屋交易中心本年度累计完成租赁补贴发放7748笔，发放补贴资金435万元。

三、我国金融支持城乡融合发展的
实践成效与难点思考

    我国经济正处在向高质量发展转型的关键节点，城乡融合发展是现阶段推进乡村振兴、实现共同富裕的必经阶段。国家发展改革委关于《2022年新型城镇化和城乡融合发展重点任务》明确了城乡融合、产城互动、节约集约、生态宜居、和谐发展，促进大中小城市、小城镇、新型农村社区协调发展、互促共进的基本思路。在推进城乡融合过程中，农村金融扮演着不可或缺的关键性角色。一方面，农村金融将迎来众多的服务机会和场景。如可充分发挥金融桥梁纽带作用，打造连城带乡服务场景，助力城乡融合发展；可发挥惠农支付平台优势，支持旧城改造、管网改造，增设便民机具，助力新型城市建设；可量身定制个性化金融产品，加大信贷投放，为新市民在城镇安居就业、生产生活及子女教育等提供一系列金融支持，助力新市民素质提升、生活水平提升。另一方面，在推进城镇化的过程中，部分地方政府财力有限，大量政府投资项目需资金支持，有的因过度负债可能出现债务风险。因此，在对新型城镇化加大信贷支持的同时，也要量力而行，切实防范金融风险。调研发现，受政策、制度、市场、改革等因素影响，有些领域的金融支持还跟不上形势发展，有些方面的金融创新还受到一定程度的制约，亟需通过持续深化改革来破解。

（一）金融支持城乡融合发展的做法与成效

近年来，各地充分依靠金融力量，以县域整体发展为核心，围绕基础设施建设、资源要素互动、重点领域对接等方面不断创新突破，取得较大进展。特别是国家城乡融合发展试验区围绕改革试验任务，金融机构聚焦县域发展需求，积极参与、多方发力，从政策、制度、主体等多角度进行支持。

1. 围绕土地制度改革，健全金融支持机制

土地是打破城乡发展壁垒的关键因素。农村土地制度改革必然产生很大的金融服务需求，如信贷需求。土地整治、开发项目所需弥补资金缺口，多为过渡性资金安排，需要银行提供信贷资金支持。再如工商资本金融服务需求，近年来国家政策鼓励引导工商资本激活土地"沉睡"资源，工商资本也看到了农村以土地为主的资源型资产的巨大价值，以及资源要素再定价的巨大升值空间。此外，还有数据平台信息服务需求，金融科技具有先进性，融合"科技+数据+场景"，为政府土地要素市场化配置提供精准服务。近年来，各地以土地制度改革为突破口，发挥金融机构优势，注入多元金融要素支撑，有效地促进城乡要素的互联互通。

第一，助力农村集体经营性建设用地入市。为推进农村土地入市盘活，探索农村集体经营性建设用地抵押融资，金融机构针对辖内入市土地，创新业务模式，探索发放农村集体经营性建设用地贷款。早在2016年，农商行四川郫都支行为迈高公司发放了一笔金额410万元的集体经营性建设用地使用权直接抵押贷款，这也是全国集体经营性建设用地入市试点以来第一笔集体经营性建设用地直接抵押贷款。浙江省德清县的"农地入市"创造了协议出让第一宗、公开竞拍第一槌、集体土地到银行抵押第一单，截至2022年底已实现入市309宗，面积2354.6亩，入市成交总额8.98亿元，集体收益6.9亿元，惠及农民和农民群众23.6万余人。第二，深化农村宅基地制度改革试点。近年来，党中央、国务院及有关部门制定出台了一系列支持政策，结合农村宅基地制度改革试点、农村

一二三产业融合发展等工作，指导各地采取有力措施，积极稳妥激活农村闲置宅基地资源。浙江德清县出台全国首个基于"三权分置"的宅基地管理办法，探索宅基地使用权流转与抵押机制、有偿使用与自愿有偿退出机制，全国首创"单一"宅基地贷款。四川省成都市郫都区通过分类探索宅基地有偿腾退、有偿使用机制，通过以宅换房、统筹安置等模式，引导850户村民自愿有偿退出宅基地535亩，结合饮用水源保护区生态搬迁，将腾退复垦的宅基地指标调整到川菜产业园区，拓展了乡村产业发展新空间。金融机构积极参与其中，作用显著。比如，农业发展银行和农商银行西区支行探索出宅基地有偿腾退"郫都模式"，为郫都区子云村、平乐村宅基地有偿腾退项目融资17.53亿元。建设银行郫都支行针对团结街道宝华村集体建设用地整理项目及客户支用计划，发放贷款500万元。

2. 聚焦农村集体经济发展，拓展金融支持路径

农村集体经济发展是夯实农村发展实力、促进城乡融合发展的关键内容。近年来，金融机构围绕支持新型农村集体经济发展不断创新金融产品与服务。比如，建设银行总行推出"集体三资"集建地版、农业生产托管版系列贷款，针对性地将农村集体经济组织及其控股的公司作为授信主体，依托系列贷款产品为符合条件的农村集体经济组织提供固贷及流贷资金，以满足村集体厂房修建、土地平整、农业生产周转等不同资金用途，为集体经济发展的多种模式提供融资服务。德清县金融机构与镇（街道）、村社基层党组织共建银村合作体系，壮大农村集体经济发展。如农商行设立专项信贷资金20亿元用于支持村级集体经济，已累计发放村级组织类贷款83户，累计发放金额4.19亿元。四川省农业银行成都西区支行开立村集体经济组织账户70余户，已推出"农村集体经济组织贷款"和"强村贷"等产品，最高金额达2000万元。

3. 立足乡村振兴需求，创新特色金融产品

为进一步鼓励引导金融机构积极参与乡村振兴建设，促进城乡融合，金融机构紧扣乡村发展需求，不断创新设立涉农信贷产品，打造了覆盖农户、村集体、农村基础设施、农村产业等各个领域的乡村振兴贷款体系。

比如，省农业银行秀洲支行开发了"美丽乡村贷""美丽城镇贷""富村贷""种粮 e 贷"等"组合礼包"。农商银行德清支行创新开发农村土地承包经营权、农民宅基地使用权、农业标准地使用权、农企振兴贷等新型贷款产品。同时，创新 GEP 绿色贷款等生态资产抵质押贷款、湿地碳汇金融 PTD 闭环体系，创新开发针对粮食种植和渔业养殖的绿色低碳信贷产品，将项目碳排放情况和绿色低碳评价结果纳入产品审批要素。农业银行德清支行创新推出"留抵税 e 贷"，发放全省第一笔留抵税 e 贷。邮储银行德清支行面向有农房建造、改造、翻新、装修等需求的农户，推广美丽乡村建设小额贷款，单笔贷款最高额度 200 万元，解决安置户的贷款难题。农业银行四川省分行自 2020 年以来创新推出了"兴蜀贷""乡村振兴园区贷""良田贷""乡村人居环境贷"等，支持集体经营性建设用地抵押贷款、园区建设及运营、高标准农田建设以及农村人居环境提升。建设银行四川省分行推出"第一书记振兴贷""蜀兴农贷""强农贷"等信贷产品，为从事农产品和涉农品牌经营的小微客户提供专属信贷服务方案。农商银行郫都支行创新推出"乡贤贷""振兴贷"，为小型农业经营主体提供信用贷款，为大型涉农经营主体提供担保贷款。

4. 推进金融数字化转型，提高金融服务质效

随着经济增长模式从要素投入转向创新驱动，金融体系也在不断进行适应性调整。积极推进数字化转型，围绕城乡融合场景提高服务质效成为金融转型方向。一是探索数字化经营新路径。在现代信息技术的支持下，金融机构依托大数据优势，为农业全产业链提供金融服务。比如，建设银行郫都支行依托"农业大数据+金融科技"，创新性地激活农村资产，打造农户信贷新模式，通过与多地惠民惠农一卡通平台对接，获取能够客观反映农户生产经营、行为评价的涉农相关补贴数据，用金融力量使得"补贴用起来"。建设银行德清支行建设"浙里乡"数字村社综合服务平台，集多样性、实用性、集中管控、数据安全性、维护便利性于一体，全面展示村容村貌，也为村民提供了便利。二是探索数字人民币试点。四川省作为全国第一批数字人民币试点地区，近年来在内江市、自贡市、南充

市、郫都区等地开展了数字人民币试点探索。比如,建设银行四川省分行通过推出"数字人民币+税费缴纳"等多场景应用,为广大城镇居民提供更加便利的缴费体验。建设银行邛崃支行通过在城镇区域开拓人民币业务,已帮助邛崃当地 188 家商超、82 个村卫生诊所开通数字人民币收款业务。据调研了解,其数字人民币试点范围已扩大至四川全省。

5. 加快补齐县域短板,促进城乡一体化发展

为了加快补齐县域基础设施和公共服务短板,金融机构围绕县域发展需求,加强与重点项目对接,提供资金支持:一是加大基础设施建设支持力度。在乡村振兴以及城乡融合领域,金融机构不断加大对交通、能源、水利、新基建、新型城镇化等基建项目和重大工程的支持力度。比如,邮储银行郫都支行通过与当地城市基础设施建设两大平台公司进行合作,从公贷、投行等多维度提供综合金融服务;同时,通过公贷、发债等多种形式助力提升当地农业产业园建设发展。二是促进医疗和教育资源均等化。建设银行四川省分行通过开展"县域医共贷",构建"基层首诊、双向转诊、急慢分治、上下联动"的分级诊疗模式,支持医共体经营周转的流动资金贷款产品,解决群众"看不上病、看不好病、看不起病"难题。三是助力完善养老体系。在支持县域养老产业方面,银行结合养老产业发展特点和实际情况,持续优化产品供给,助力养老服务体系建设和适老产业发展。比如,建设银行对中铁文旅集团的"中铁春台文化旅游度假中心"项目进行金融支撑,通过内部银团为客户授信 103001 万元,现已投放贷款 30000 万元。

(二) 现阶段金融支持城乡融合面临的主要问题

金融是现代经济的核心,是促进农民增收致富、推动乡村全面振兴的重要驱动力。伴随农村改革的不断深化与全国脱贫攻坚取得全面胜利,我国已经逐步建立多层次、广覆盖、差异化的金融服务体系。然而,农村金融仍然是我国整个金融体系的薄弱环节,在支持城乡融合发展中仍面临着一些制度、政策、结构、执行层面的约束。

1. 受农村土地制度制约，农村金融面临诸多制度障碍

近年来，随着土地制度的不断深化改革，围绕农村土地的金融产品与服务创新不断涌现。但从实际运作情况来看，农村土地金融制度仍不完善，前端有闭环，中后端无法处置的情况依然存在，土地抵押品的市场认可程度还有待时间检验。一是农村宅基地流转的制度性障碍较多。农村宅基地具有社会保障功能，流转和处置的前置条件和政策限制较多。如法律规定宅基地不能流转给本集体经济组织以外的人，从而限制了宅基地的流转市场，导致农村宅基地相关的金融业务难以开展；农村住房处置有别于商品房，虽然政府出台了处置办法，但实际处置过程中，牵扯到老人、未成年子女等群体的权益保护问题，导致金融机构不敢盲目处置；有的农户家庭只占用 1~2 间房自住，其余房间出租，给银行后续处置资产带来一定困难；个别地区农民在宅基地上自建房的住房抵押贷款业务无法有效认定，原因在于中国人民银行政策规定，不允许将农村宅基地作抵押贷款建房，而如果套用消费贷等信用贷款方式，又面临消费贷不能用于房地产业务的政策限制。此外，在四川省调研了解到，按照当地相关文件规定，农村宅基地图斑不能跨区域集中使用，造成宅基地开发利用率不高，项目的打造和布局受到限制，大大制约了金融机构的参与，金融支持通道难以打通。二是农村集体经营性建设用地市场价值变现存在困难。农村集体土地抵押评估机制仍不完善，各方均认可的农村土地抵押评估机制尚未建立。在浙江省调研了解到，浙江省农村集体经营性建设用地入市的制度通道虽已建立，但对银行等金融机构来说，土地入市成功并不意味着具备与入市价格相同的金融价值，由于农村土地流转市场不完善，农村集体经营性建设用地相关贷款如出现风险，银行仍然面临着抵质押品处置困难等问题。三是农业企业对集体经营性建设用地的认可度不高。各地普遍反映，受政策等限制，农村集体经营性建设用地入市仍存在很多壁垒，农业企业的认可度不高，主要原因在于企业在经营过程中要形成资产，农村集体经营性建设用地上的资产，目前还无法实现和国有土地上资产同样的抵押价格。在浙江省德清县调研了解到，该地区农村集体经营性建设用地入市后，银

行认可的抵押率要比国有土地平均低 20%～30%。同时，由于集体经营性建设用地入市周期较长，许多集体经营性建设用地受让企业因无法办理抵押登记，难以获得银行抵押，影响项目正常进行，对社会资本投入的吸引力不够。

2. 农村资源处置难度大，融资担保业务面临较大风险

受产权属性等因素影响，金融机构对农村宅基地、农村集体经营性建设用地等资产无法处置、不能变现，极大地降低了金融机构的参与度和积极性。调研了解到，一些厂房未在集体建设土地上修建，不能满足银行的抵押品要求，农村资源的实际价值难以体现。同时，由于缺少监管，存在土地二次抵押、三次抵押等不良现象，担保业务存在较大风险。一旦面临处置问题，农业生产设施土地和流转的土地租赁合同系抵押人与农户签订，涉及农户较多，较难执行，且在合同到期后，需承担农户土地租金，处置困难，金融机构参与难度较大。除此之外，据调研了解，从市场发展来看，集体经营性建设用地入市都是按照协议入市在先，挂牌在后的程序进行交易，所以中间的交易价格并非以市场为主要影响因素而定的，大多是事先协议商量而定，因此对金融机构而言存在信息不对称的风险。

3. 农业产业类型差异大，金融产品与服务供需不匹配

由于农业产业具有其自身的发展周期和规律，农业项目的孵化周期较长，对金融的需求高且独特，现阶段相匹配的金融产品仍不完善，金融产品的创新度和灵活性仍有待提升。一是由于农业资产相对而言标准化程度低、可流动性差、抵抗自然灾害弹性弱、种养殖生产周期长，农业经营主体在投入后产出时间长，在初期无法提供生产收益及成本支出材料，初期融资贷款较难。据调研了解，四川省郫县豆瓣企业每年 8～12 月为采购高峰期，由于上游供应商主要为农业合作社或者农户，结算方式主要为现款现货或先款后货，因此集中融资需求较高，约为 20 亿元。二是涉农企业资金需求具有额度大、期限长、用款时间集中、季节性强等特点，需要更多的、针对性强的金融产品，但金融机构能够提供的融资产品相对单一，有些与当地农业经济发展的特征不相符合，适用性较低。三是抵押率过

低，与融资需求不匹配。在四川调研了解到，四川省多家金融机构都出台了各类农村产权抵押贷款办法，但是抵押率都较低，一般为三至五成，融资金额与金融需求不匹配，导致贷款积极性不高。

4. 金融市场同业竞争激烈，配套政策制定相对滞后

随着利率市场化不断推进，银行同业竞争日趋激烈，在调研中了解到，经济较为发达的地区民营经济普遍都较为活跃，金融机构竞争也较为激烈，然而相应的配套政策却难以得到及时支持。以建设银行为例，据建设银行浙江省分行相关部门反映，虽然其在系统内各项涉农指标排名处于前列（如 2022 年总行口径下，浙江县域支行一般性存款余额列系统第三，县域对公存款日均余额列系统第一，县域各项贷款时点余额和增量均列系统第一），但与同业（如农商行、农业银行等）相比差距仍然较大，主要是因为同业金融机构深耕农业农村领域多年，基础工作做得较为扎实，市场占有率较高；同时，同业金融机构的市场定位在农业农村，上级部门较为支持；此外，受地方保护主义等因素影响，同业具有较多政府资源。相较而言，建设银行在参与乡村振兴相关业务中，面对激烈的市场竞争，相关配套政策的制定还不完善，无法为其提供及时支撑。

5. 农村基础数据质量不高，数字金融发展受到限制

随着信息化手段的不断普及，科技对金融服务的支撑作用越加明显。从调研情况来看，各类金融机构都将数字资源的获取和开发作为现代金融业务的重要战略方向和投入领域，但实际上，数据资源获取的成本巨大、获取途径不规范且准确性不高，尤其在一些经济相对落后地区，信息化的金融支持基础较为薄弱。在吉林省等地调研了解到，在开展农村金融业务过程中，由于政府部门的土地确权数据不准确，名字对不上、数据和实际相差较大等情况较多，严重阻碍了金融机构城乡相关业务的拓展和深入。此外，各金融机构各自为战，数据的统计口径、收集标准、获取方式、维护模式等各不相同，缺乏整合与统筹，且受利益关系制约，各机构间难以形成数据共享、资源互通的良好局面，客观上又造成社会资源的极大浪费。对建设银行而言，随着二轮土地承包期限的临近，银行对经营权授信

额度逐年降低，单位授信额度的大幅度下降造成贷款额度已无法满足规模经营主体的用资需要，大多规模经营主体开始选择其他贷款产品。如吉林省延边朝鲜族自治州从每公顷可发放 2 万元贷款降到每公顷最高可发放贷款 8000 元，降幅达 60%。

6. 逆城镇化地区面临城乡转型，金融供给面临挑战

从近些年的人口流动数据来看，东北、西北等地区属于我国的人口净流出地。从实地调研来看，当前吉林、黑龙江等省份有些地区由于人口净流出，经济体量和城镇人口数量已经减少到阈值，出现了"撤街设镇"的回调，这种行政建制上的变动突出反映了当地城镇化进程的现状。不难理解，有人口净流入的城镇化，也必然有人口净流出的逆城镇化。从财政供养逻辑来看，"撤街设镇"也意味着城市的扩张将出现缓行或停止，城市基础设施和产业投资将出现收缩，公职人员数量将减少，从而减少城市发展方向的财政开支，城建方面的金融需求也会随之减少。但"撤街设镇"之后，乡镇作为一级政府（街道属派出机构），自主决策的权限更大，重点将更加关注乡村发展和居民福祉，此时的金融机构也要随之进行组织结构、服务内容、金融产品等方面的整体调整，以适应不同地区城镇化发展的市场需求，对其具有较大挑战。

四、推动金融服务城乡融合发展的对策建议

（一）金融服务城乡融合发展的总体思路

我国不同地区城乡融合发展所处的历史阶段和发展特征各不相同，相应的金融支持城乡融合发展的领域、产品以及服务模式也有所差别。金融部门和各类金融市场主体要充分理解和认识城乡融合发展过程中资源要素、产品市场以及城乡结构转型与发展趋势，将服务城乡融合作为重要业务方向，以支持县域发展为战略重点，以服务新型城镇化和乡村全面振兴为战略路径，大力探索支持城乡融合发展的新兴战略领域，强化金融科技支撑，完善配套服务措施，建立健全金融支持城乡融合发展的组织架构与运营机制，在城乡融合发展大潮中贡献金融力量。

（二）金融服务城乡融合发展的主要领域

金融服务城乡融合，既要抓住当前各地城乡融合发展的阶段性特征，又要科学研判城乡融合发展趋势，还要充分发挥金融部门和各类金融市场主体在资源、机制、科技等方面的优势地位，在金融支持城乡融合的重要领域发挥各自应有的功能和作用。

1. 发挥对城乡基础设施建设的金融支撑作用

一是支持畅通县域内外部交通连接，加大对县域内外部铁路、公路、

隧道、桥梁等交通基础设施建设的支持力度，促进县域之间以及县城内部交通实现互联互通。二是支持县城基础设施建设，加大对市政道路、停车场、公共充电设施、公共交通场站等市政设施建设的金融支持，夯实县城运行基础支撑。支持县城进行数字化、智能化改造，发展智慧县城。三是支持农业农村基础设施建设，加大对农业产业园区、乡村旅游景区、乡村旅游重点村等基础设施建设的支持力度。加大对高标准农田建设的支持力度，聚焦土壤改良、农田排灌设施等重点领域，在承贷主体、还款方式、贷款期限上给予差异化政策倾斜，探索推广全域土地综合整治等模式，助力高标准农田新建和改造提升。在依法合规前提下，创新金融产品和融资模式，合理满足农村规模化供水工程建设和小型供水工程标准化改造等金融需求。四是支持老旧小区、老旧厂区、城中村改造等工程，加大对纳入政府改造计划的城镇社区、厂区以及城中村的金融支持力度，支持完善住房及水电路气热信等配套设施，改善居民基本居住条件。

2. 做好对城乡基本公共服务的金融配套支持

推进金融主体对公业务与教育、社保、医疗、社会救助等县域民生系统互联互通，创新打造功能集成、管理规范、标准统一的县域基本公共服务与金融服务融合发展新模式，提升县域基本公共服务便利性和金融服务普惠性。一是支持县域改善教育教学设施条件，支持各类学校按照办学标准改善教学和生活设施，为全面改善县域普通高中办学条件提供金融服务，为农民工随迁子女入学与持续接受教育提供金融支持。二是支持县域提升医疗卫生发展水平，为县城医院提标改造提供金融服务，推动县城医院医疗卫生条件和服务能力有效提升。支持乡镇卫生院、村级卫生所进行基础设施建设与设施设备升级。支持县域内妇幼保健机构设施设备提升改造。三是支持县域提升养老托育服务能力，为县域内养老机构改善养老条件提供金融支持，为民营养老机构建设养老场所、医疗场所以及医养结合共同体提供金融支撑，为社会力量发展综合托育服务机构提供金融支持。

3. 加大对县域富民产业与农民增收的金融供给

一是开发具有地方产业特色的金融产品，依托各地农业农村特色资源，"一链一策"做好"土特产"金融服务，推动农村一二三产业融合发展。综合运用专用账户闭环管理、整合还款来源、建设主体优质资产抵质押等增信措施，积极满足县域产业园区建设和企业发展资金需求。二是支持农产品加工与流通业做大做强，聚焦农产品加工业提升行动，积极开展订单、应收账款质押等贷款业务，支持各类主体发展农产品产地初加工和精深加工。加大对农产品加工产业园、农产品电商产业园、产地冷链集配中心、农业国际贸易高质量发展基地建设的金融支持力度，助力市场流通体系与储运加工布局有机衔接。三是支持现代乡村服务业高质量发展，科学把握县域内农业生产对专业化服务环节的需求与市场情况，创新金融产品支持土地托管、统防统治、联耕联种等生产环节，满足农业生产性服务业的金融需求。充分挖掘乡村多元价值，创新特色金融产品和服务，支持乡村餐饮购物、旅游休闲、养老托幼等生活性服务业发展。四是支持农村新产业新业态融合创新，加大中长期贷款投放，合理满足农业产业强镇、现代农业产业园、优势特色产业集群、农业现代化示范区、国家乡村振兴示范县建设融资需求。依法合规加强与电商企业合作，探索建立健全信用评级、业务审批、风险控制等信贷管理机制，支持"数商兴农"和"互联网+"农产品出村进城工程建设，助力发展电商直采、定制生产、预制菜等新产业、新业态。五是支持农民就业创业增收，完善农户和家庭农场、农民合作社、农业企业、农业社会化服务组织等新型农业经营主体的信用评价体系，综合开发农业保险、土地确权、农村消费等数据资源，为农村生产经营主体提供普惠性金融服务。持续加大对返乡入乡创业园、农村创业孵化实训基地建设的信贷资源投入，深化银企对接，带动更多农民工、灵活就业人员等重点群体创业就业。

4. 强化对县域科技装备与绿色发展的金融支撑

一是做好农业关键核心技术攻关金融服务，坚持产业需求导向，开辟贷款绿色通道，加大农业关键核心技术攻关金融支持力度。针对农业科技创新周期长等特点，加大中长期贷款投放，研究设立农业产业化基金、农业科技创新投资基金等方式，发挥撬动作用，为农业领域国家实验室、全国重点实验室、制造业创新中心等平台建设给予长期稳定金融支持。二是加大对现代设施农业和先进农机研发融资支持力度，依托《全国现代设施农业建设规划（2023—2030年）》，创新金融产品和服务模式，加快推动全国范围内设施农业金融支持布局。加大对粮食烘干、设施农业生产、农产品产地冷藏、冷链物流设施、畜禽规模化养殖和屠宰加工、水稻集中育秧中心、蔬菜集约化育苗中心等领域金融支持力度。拓展农村资产抵质押范围，满足大型智能农机装备、丘陵山区适用小型机械和园艺机械、中小养殖户适用机械研发的合理融资需求。稳妥发展农机装备融资租赁，促进先进农机装备推广应用。三是加强农业绿色发展金融支持。创新种植业固碳增汇、养殖业减排降碳、绿色农机研发等领域信贷产品创新，加大对国家农业绿色发展先行区信贷支持力度。推广林权抵押贷款等特色信贷产品，探索开展排污权、林业碳汇预期收益权、合同能源管理收益权抵质押等贷款业务。探索多元化林业贷款融资模式，加大中长期信贷支持力度，支持林下经济发展。加大对符合条件的农村地区风力发电、太阳能和光伏等基础设施建设金融支持力度。

5. 拓展提升针对县域内新市民的金融服务水平

充分运用信息技术，精准评估新市民信用状况，创新适配性强的信贷产品，提升金融供给质量和金融服务均等性。一是丰富"金融+生活+政务"新市民金融服务场景，加强与地方政府信息共享和公用数据连接，综合运用信贷、债券、资产支持证券、基础设施领域不动产投资信托基金等方式，支持专业化、规模化住房租赁企业发展，依法合规加大对新市民等群体保障性租赁住房建设融资支持力度。扩大金融产品和服务供给，支持新市民就业创业、安家落户、子女教育、健康保险和养老保障。二是支持县域商业体系建设，为县、乡、村电子商务和快递物流配送体系、县域集采集配中心、农村客货邮融合发展、共同配送和即时零售等新模式提供金融支持，为发展乡村餐饮购物、文化体育、旅游休闲、养老托幼、信息中介等生活服务提供金融服务。三是改善县域消费金融服务，完善电商融资、结算等金融服务，优化县域消费者授信审批和风控管理，提高消费金融可得性。鼓励通过线上办理、免息分期等方式，稳步推进低门槛、小额度、纯信用消费贷款，为县域各类消费场景提供个性化信贷产品，将金融服务嵌入衣食住行。

专栏4-1　商业银行服务乡村旅游的重点与模式

随着工业化和城镇化的不断推进，我国乡村人口大规模流入城市，村庄空心化、农业人口老龄化不断加剧。针对乡村活力减小、村庄逐渐衰落的现状，党的十九大报告中提出乡村振兴战略。如今乡村旅游已经成为一种生活方式，成为人民日益增长的美好生活需要，是改善"不平衡不充分的发展"，满足人民日益增长的"美好生活需要"的重要途径。乡村旅游的兴起是经济社会发展规律作用的结果，是乡村振兴的重要载体。商业银行要顺势而为，把服务乡村旅游作为一项长期战略和系统工程扎实推进。

一、乡村振兴战略建设方向和主要模式

（一）乡村振兴的背景及提出

自改革开放以来，国家对"三农"的发展加大了投入，农业强了、农村美了、农民富了。但是，在工业化和城镇化进程中，乡村人口流出和减少，出现了村庄空心化、农业人口老龄化，乡村活力越来越小，甚至少数村庄衰落，留守老人、留守儿童、土地抛荒、半抛荒等问题屡屡引发热议。这些问题已成为我国全面建成小康社会和实现整个国家现代化必须要解决的重大问题。2017年10月，党的十九大报告中提出乡村振兴战略，为近6亿中国农村人口描绘了宏伟美好的蓝图。乡村振兴的内涵十分丰富，既包括经济、社会和文化振兴，又包括治理体系创新和生态文明进步，是一个全面振兴的综合概念，是国家发展战略。

（二）乡村振兴战略下乡村建设方向

近年来，乡村旅游已经成为农村发展、农业转型、农民致富的重要渠道。党的十九大报告中明确了"产业兴旺、生态宜居、乡风文明、治理有效、生活富裕"的乡村发展总体要求，未来乡村建设将围绕这20字方针开展。

1. 统筹规划农村建设

科学编制村庄建设规划，精准定位各个村庄的功能布局、产业走向、建筑格调和民居样式。让各个村庄的建筑、民居成为别具地域特色、文化情怀和乡土气息的景观，推动农村整体美化、净化、园林化、景区化发展。

2. 塑造亮化农居景观

高度重视传统民居、特色民居、创意民居在旅游产业链中的作用，利用易地搬迁、生态迁移、农村危房改造和特色小镇建设等契机，让广大民居成为乡村旅游中赏心悦目的亮点、看点和卖点。

3. 农业与旅游业融合发展

依托农业资源开发旅游卖点，借助旅游手段提升农业价值，有针对性地发展有机农业、景观农业、休闲农业、科教农业，成为游客开心游览、舒心休憩和放心消费的菜园、果园、茶园、花园、公园、乐园，让农业因旅游而升值，让旅游因农业而兴旺。

4. 农产品向旅游商品转化

以注入本土文化、传统工艺、民族元素、独特创意和高新技术等为重点，对各地具有比较优势的农产品进行产业化开发、工业化生产和精细化包装，让各地农产品有效转化为旅游地商品。

5. 农民身份向多元化发展

在发展乡村旅游、推进农业产业化、建设美丽乡村进程中，把农民作为共赢共富共享的参与主体、受益主体，支持农民成为专业会员、产业工人、经营业主、创业老板、企业股东，让农民成为分享农旅产业发展收益的股东。

6. 村落成为传统文化的载体

修缮保护农村古建筑历史风物，系统发掘对农村人文遗产，传承农村能工巧匠的奇技绝活，精心包装乡土特产、创意展示农耕器物，让当地农民能记住乡愁，让外来游客能爱上农村。

（三）乡村旅游发展主要模式

1. 度假休闲城市依托型

依托城市区位优势、市场优势，在环城市区域形成一批规模较大，发展较好的环城市乡村旅游圈。比如，北京蟹岛作为城市依托型度假村，集种植、养殖、旅游、度假、休闲、生态农业观光于一体，以产销"绿色食品"为特色，以餐饮、娱乐、健身为载体，让客人享受清新自然、远离污染的高品质生活。

2. 观光娱乐景区依托型

成熟景区为区域旅游在资源和市场方面带来发展契机，周边的乡村地区借助这一优势，能成为乡村旅游优先发展区。比如，北京十渡依托景区，以民俗旅游为主，建设特色民族游的吃、住、行、游、购、娱六个方面业态为一体的多功能娱乐小镇。

3. 庄园旅游产业依托型

特色庄园模式适用于农业产业规模效益显著的地区，通过特色农业景观、加工工艺和产品体验作为旅游吸引物，开发观光、休闲、体验等旅游产品，带动餐饮、住宿、购物、娱乐等产业延伸。比如，台湾地区的台一生态休闲农场集合花卉造景、自然生态与悠闲住宿之休憩场所，视野面积数千公顷，精心规划多种特色主题，植物融进建筑、屋顶、墙面。

4. 古村古镇观光历史文化依托型

古村古镇旅游是当前国内旅游的热点，也是乡村旅游体系中一个比较独特的类型，以其深厚的文化底蕴、淳朴的民风和古香古色的建筑遗迹等特点受到游客的喜爱。比如，浙江省的乌镇素有"中国最后的枕水人家"之誉，拥有 7000 多年文明史和 1300 年建镇史，是典型的中国江南水乡古镇，有"鱼米之乡、丝绸之府"之称。

5. 乡村文化体验民俗传统依托型

民俗文化作为一个地区、一个民族悠久历史文化发展的结晶，蕴含极其丰富的社会内容，具有独特性与不可替代性。比如，云南的丽江是古代羌人的后裔、纳西族的故乡，是中国历史文化名城、国家重点风景名胜区。丽江以独特的风俗和文化，形成纳西民族特有文化与其他文化共同交织。

6. 民间艺术发展创意主导型

民间艺术是区域大众生活的体现和特征，具有独特的区域性，成为乡村文化创意旅游的一个重要方面。比如，无锡泥人文化创意博览园位于无锡市惠山古镇，处于上海市"两小时都市圈"，与天津"泥人张"这"一南一北"是我国著名的民间彩塑流派，也是重要的非物质文化遗产。

7. 教育展示科技依托型

近年来，我国启动的国家科技园区建设，促进了我国一批科技园区建设，形成集教育、体验、观光、展示于一体的现代乡村旅游。比如，兴隆热带植物园位于海南兴隆华侨旅游经济区内，隶属于中国热带农业科学院香料饮料研究所，具有科研、科普、观光和植物种质资源保护功能。

二、商业银行支持乡村旅游的重要意义与主要问题

（一）商业银行支持乡村旅游的重要意义

随着经济社会持续发展，居民收入水平不断提高，乡村旅游发展潜力巨大。因此，服务乡村旅游发展，既是服务国家乡村振兴战略的需要，也是银行加快业务转型的需要。

1. 有利于支持乡村旅游市场的发展

按旅游业发展的一般规律，人均 GDP 接近 5000 美元时，旅游将成为城镇居民生活的主要消费需求，城镇居民出游率将大大提升。近年来，随着城乡居民收入增长和需求结构升级，乡村旅游和休闲农业等需求呈"井喷式"增长。据统计，全国城市居民周末休闲和假日出游 70% 以上选择周边乡村游，北京、上海、广州等发达城市高达 80% 以上。2023 年全国乡村旅游营业收入达到 8400 亿元。根据大数据推演预测，未来中国乡村旅游热还将持续，2025 年旅游人次将达到 30 亿次，乡村旅游业的发展空间十分广阔。

2. 有利于把握乡村旅游带来的金融机遇

乡村旅游具有发展潜力大、关联度高、带动力强、拉动内需等特点，具有明显的双向带动作用。作为新农村建设的带动型产业，带动乡村投资，又形成乡村产业发展，带动农民大幅增收。另外，乡村旅游发展以较低的成本满足城市居民休闲需要，将有效扩大居民消费。当前，中央、地方、企业和消费者广泛关注，成为当前经济和社会发展的主题。未来在政策引导、城镇化拉动、汽车普及、投资驱动、新消费革命的组合作用下，乡村旅游正日益成为农村二三产业的重要组成部分，金融服务市场空间无限宽广。

3. 有利于实现商业银行加速转型发展

金融是实体经济的"血脉"，实体经济是金融的根基，金融可以为乡村旅游业发展提供重要动力，乡村旅游也能为金融业开拓新的服务领域。当前，发展旅游业是我国经济结构调整和转变经济增长方式的必然选择，金融业要实现可持续发展就必须从经济转型升级中寻找新的信贷市场，改善信贷结构、客户结构和收益结构。而旅游业作为新兴服务产业，具备高附加值、高成长性的特点，为银行经营转型和可持续增长拓展了新的空间，也为银行经营创新、提高核心竞争力和可持续发展开辟新的道路，是金融资本的新利润增长点，是银行优化资产结构、提高收益水平、分散业务风险的内在需要。

4. 有利于服务国家乡村振兴战略

近年来，随着工业化、城镇化的发展，我国部分地区出现了乡村衰落的现象，大批农村青年人不断向城镇迁移，农村人口老龄化和村庄空心化趋势日益严重，留守老人和儿童问题屡屡引起舆论热议，农业产业发展上出现了土地抛荒、半抛荒的现象。究其根源，是因为传统农业的比较收益无法留住青壮年劳动力。这些问题已成为我国全面建成小康社会和实现整个国家现代化必须要解决的重大问题。现有研究表明，发展乡村旅游有利于农村产品变商品，增加农民的经营性收入；有利于民房变客房，增加农民的财产性收入；有利于农区变景区，实现农民就地就近就业，增加工资性收入。实践表明，在乡村旅游发展好的地方，外出务工人员大量回流，农村人气和资源要素重新聚集，农村"三留守""空心村"等问题得到缓解，农村社会治理明显改善，农村环境面貌极大改观。因此，金融支持乡村旅游业发展，有利于实现乡村的重建与发展，服务国家乡村振兴战略。

（二）商业银行服务乡村旅游发展存在的主要问题

1. 乡村旅游产业化龙头企业欠缺

乡村旅游在我国总体上处于初级阶段，景点"面广、点散"，季节性差异明显，规模型产业集群较少。乡村旅游业相对于传统粮食种植，对贷款需求旺盛、期限较长，但大多乡村旅游单位和景点建设和管理信用等级、资产状况达不到准入要求，不具备信贷主体资格。地方政府成立的旅游投资公司受地方财力有限制约，乡村旅游景区开发程度及旅游基础配套设施、公共服务设施建设不到位，资金短缺是制约乡村旅游业加快发展的瓶颈。

2. 银行传统服务难以满足发展需求

面对幅员辽阔、人口众多、民族各异、经营千差万别的乡村旅游客户群体，银行传统产品及服务模式难以适应丰富多彩的乡村旅游产业差异化需求。近年来，游客在吃、住、行、游、购物、娱乐、实时信息与分享等方面需求不断提高，也要求创新金融产品与金融服务方式升级。此外，旅游项目建设资金投入大、建设周期长、资金回收慢，项目单位在申请贷款时很难找到价值足够大又能长期保值的抵押物。

3. 相关主体的财务需要规范与培育

从事乡村旅游业的大多数是小微企业以及经营"农家乐"的个体经营户，这些以前长期从事传统农业的小微企业经营者及个体户，普遍缺乏财务管理意识，没有建立规范的财务管理制度，存在信息不透明、不对称等特点，决定了金融机构对其资金的使用、经营及效益等无法做出准确评价，增加了银行信用调查和评价的困难。

三、金融服务乡村旅游发展的重点内容与相关建议

（一）主要服务重点

乡村旅游与人民美好生活需要息息相关。商业银行要顺势而为，把服务乡村旅游作为一项战略工程扎实推进，重点要做好以下几个方面的金融服务：

1. 服务乡村旅游精准帮扶工程

生态环境优美、旅游资源丰富是众多欠发达地区的共性，积极支持欠发达县景区、特色旅游小镇、旅游帮扶示范村创建，围绕旅游公共服务设施和农村人居环境整治，支持欠发达县健全旅游产业体系，全面提升其旅游产业效益，通过发展全域旅游实现增收富县。

2. 服务发展旅游特色小镇建设

积极对接全国特色旅游景观名镇、中国历史文化名镇、文化风情小镇，服务小镇风貌保护与传承、旅游公共服务一体化建设，支持建设森林小镇、滨湖度假小镇、避暑度假小镇、温泉小镇、民族风情小镇、创意文化小镇、商贸购物小镇等特色小镇建设。

3. 服务"千村万户"美丽家园行动

以特色农村风貌、人文遗迹、民俗风情、田园风光、农业生产体

验等为载体，支持旅游特色村、自驾车旅游车营地、乡村旅游创客基地开发，服务农业观光园、休闲农庄、乡村民宿、乡村度假村等发展。

4. 服务现代乡村田园旅游综合体建设

积极推动科技、人文等元素融入农业，稳步发展农田艺术景观、阳台农艺等创意农业，积极服务智慧农业、会展农业等新型农业业态，丰富农业的多种功能，加强对重要农业文化遗产发掘、保护、传承和利用。

5. 服务乡村旅游创客基地发展

支持返乡农民工、大学毕业生、专业技术人员等投身旅游创客发展；服务文化旅游衍生品开发，支持乡村创客实体众创空间、孵化基地开发，为其牵线搭桥提供学习平台、交流平台、融资对接平台、宣传平台。

6. 服务旅游新农村社区发展

以乡村观光休闲度假功能为主导，以乡村观光休闲业态为特色，以田园乡居生活为目标，服务土地整合、基础设施完善、文化特色、农民就业，支持独立村改造升级，支持生活资源转化为生产资源。

（二）主要建议

1. 多途径提供信贷资金支持

对投资规模大、资金需求大的旅游项目，推行银团贷款；对收益稳定、品牌知名度高的企业和项目，通过企业债、中期票据、短期融资券等债务工具提供支持。围绕主景区建设，开办经营权、门票等现金流作保证的未来收益权质押贷款。此外，要积极参与乡村旅游项目规划，保障乡村规划方案中的投融资计划具备可行性和落地性。

2. 发挥政府、担保等机构多方作用

乡村旅游业多为小微企业，金融支持信息不对称的问题，需要整合税务、工商、水电、社保等信息数据库，为金融支持乡村旅游业搭建信息平台，需要银行、保险等金融机构与企业合作，建立担保贷款风险分担和补偿机制，确保金融服务的综合性和有效性。

3. 树立大旅游业理念拓宽金融服务

围绕旅游核心企业相关产业和旅游产业链的上下游提供全方位服务，在支持乡村民俗、乡村美食、乡村特产、农事体验、农家生活等特色产业的基础上，服务"+文创""+电商""+养生""+养老""+体育""+健康""+研学""+文艺"，服务乡村旅游的行、游、食、住、购、娱等产业融合发展。

4. 要突出金融服务与产品创新的作用

借助互联网、云计算、大数据等技术手段，优化业务审批流程，提高信贷投放效率，立足乡村旅游业长远发展，评选一批优秀乡村旅游业经营客户，确定授信额度，实行一次核定、周转使用，推动金融信贷批量投入乡村旅游业集群。创新发展符合乡村旅游实际的信贷产品，盘活乡村沉睡的金融资产。

5. 服务乡村旅游要常态化的辅导培训

乡村旅游经营者的文化水平普遍偏低，存在市场意识水平低、经营管理能力低、产品质量和服务水平低等问题。需要建立常态化、针对性强的培训和辅导机制，提供驻点式的智力支持和现场辅导，遇到较大较难的问题请专业老师会诊、提供融资解决方案。

6. 将服务乡村旅游发展与支农惠农结合

要将金融服务乡村旅游发展与帮扶支农行动紧密结合，充分利用和整合乡村旅游帮扶重点村环境整治行动、乡村旅游帮扶公益行动、乡村旅游帮扶电商行动、万企万村帮扶行动、金融支持乡村旅游帮扶行动、乡村旅游帮扶带头人培训行动，全力服务乡村旅游发展。

（三）金融服务城乡融合发展的产品创新方向

当前我国城乡融合发展的动力来源主要有两个方面：一是城镇化驱

动，这是我国乃至世界城乡关系演变的主要动力来源，也是被历史证实的客观规律。在城镇化的过程中，土地的城镇化、产业的城镇化、人的城镇化成为城镇化的重要内容。二是乡村振兴带动，乡村振兴战略是 2017 年在党的十九大报告中提出的国家战略，但实际上从 2004 年开始，中央对我国工农城乡关系的政策导向就转到以工补农、以城带乡的历史进程中，截至 2023 年，共连续发出 20 个中央一号文件，支持农业农村发展。从世界范围来看，发达国家在工业化、城镇化发展到一定阶段以后也普遍采取支持乡村发展的政策，重点在乡村基础设施、农村人居环境、乡村产业发展等方面加大支持力度，以期改变乡村凋敝、人口外流、社会固化的状态。城镇化和乡村振兴创造出巨大的金融需求，金融部门和各市场主体要顺应我国城乡关系转变的历史客观规律，抓住城乡融合带来的重要历史契机，从金融支持新型城镇化和乡村全面振兴两个角度创新金融产品，提高金融服务供给水平。

1. 创新土地金融产品，推动改革红利释放

土地是城乡融合过程中最为活跃的资源要素，土地制度改革也是关系到国计民生的重大生产关系调整。金融机构要对土地制度改革给予高度关注，深刻理解和把握改革内涵，充分利用改革成果创新土地金融产品，释放改革红利，推动新型城镇化和乡村振兴迈上新的台阶。一是以农村承包地二轮延包为契机，拓展农村土地承包经营权抵押融资范围。与农业农村部门进行沟通，以二轮延包后的土地确权数据作为开展农村土地承包经营权抵押融资业务的基础数据支撑，将新型农业经营主体作为重点支持主体，做好农村承包土地经营权估值和抵押率设定，实现借款主体、用途、额度、期限等信贷要素的协同，发挥建设银行在金融科技领域优势，重点支持粮食生产功能区、重要农产品生产保护区和特色农产品优势区建设。二是充分利用农村宅基地改革成果，推动金融支持宅基地盘活利用。在农村宅基地开展所有权、资格权、使用权"三权分置"的改革试点地区，创新推出支持发展民宿、乡村旅游的金融产品，推动农村闲置宅基地得到有效盘活利用。三是拓展农村集体经营性建设用地改革成果，推动农村土

地入市抵押权能实现。在有条件地区创新推出农村集体经营性建设用地使用权抵押金融产品，推动农村集体土地抵押权能实现，完善抵押品处置变现手段，结合业务发展地区的金融环境与金融基础设施，综合利用流转交易、协商收购和法律诉讼等多种方式灵活实现土地经营权的处置变现。四是依托国土空间规划背景下全域土地综合整治，积极创新土地金融产品。全域土地综合整治是当前重塑城乡空间格局的重要手段，涉及农村承包地、宅基地、建设用地等各种类型土地性质与生产关系调整，土地综合整治过程中释放出巨大金融需求，金融机构应重点关注开展全域土地综合整治地区的进展动态，创新金融产品满足土地综合整治过程中以及整治后期居民安置与产业发展的需求。

2. 立足城乡产业转型，推动金融服务升级

产业发展是实现城镇转型升级和乡村全面振兴的基础支撑，是深入推进城乡融合的重要动力源泉。在城乡融合过程中，城乡产业的发展、互动与转型升级将派生出巨大的金融需求，金融机构要紧密关注当地城乡产业发展方向与发展动态，积极创新金融产品，满足产业发展需求。一是关注政府产业支持政策与投资方向，做好金融配套支持。对县域范围内的政府重大产业政策与投资项目，如产业园区建设、房地产政策变化等，金融机构要设立专班专人，密切跟踪政府投资进展，做好金融方面的支持配合。二是关注国家战略产业发展，做好金融服务支撑。对县域范围内的国家重要产业布局，如大数据基地建设、战略性产业企业引进等，金融机构要主动作为，创新适合企业发展的金融产品和服务模式，做好金融支撑。三是关注小微企业和乡村产业发展，做好普惠金融服务。县域内小微企业与农村产业类型多样，规模大小不一，但在县域经济中的地位和作用不容忽视。金融机构要发挥金融科技优势，将扶持小微企业和农村产业发展作为金融支持的重要战略方向，加大金融产品创新力度，推动普惠金融服务迈上新的台阶。

3. 聚焦人的城镇化，满足新市民金融需求

城乡融合发展，核心是要实现人的全面进步。人的需求是市场经济的

基本要素和动力源泉。党中央多次提出要实现人的城镇化。金融机构要密切关注县域范围内人口流动趋势和新市民金融需求现状，针对人口需求创新金融产品供给。一是加强对新市民生产和生活的金融支持。密切关注新市民生产生活动向，加大对新市民在县城就业创业的金融支持力度，为新市民在县城落户购房提供金融服务，加大对新市民在城市就医、子女教育、老人养老等方面的金融支持。二是加强对流动人口生产和生活的金融支持。流动人口属于城乡融合过程中不容忽视的特殊群体，流动人口不仅为城市建设贡献力量，而且为乡村发展带回先进理念、资金与技术，当前很多发展得好的乡村都是流动人口从城市回到农村，再通过自身创业将整个村庄带动起来。所以对流动人口的金融支持也要从生产和生活多方面创新金融产品，满足流动人口发展产业和生活消费方面的资金诉求。

4. 支持和美乡村建设，推动乡村全面振兴

2023 年中央一号文件明确提出，扎实推进宜居宜业和美乡村建设。这是党中央对乡村建设与发展目标的重要表述，也是乡村建设的行动指南。金融机构要深入理解和挖掘和美乡村建设所释放的金融需求潜力，设计合适的金融产品匹配和美乡村建设需求。一是创新支持乡村基础设施建设的金融产品。加强农房改造和风貌提升、产业园区、旅游景区、乡村旅游重点村的基础设施建设金融支持力度。二是为农村人居环境整治提升五年行动匹配金融要素支撑。加大对农村改厕、生活垃圾处理、污水治理、村容村貌提升的金融支持力度，加大村庄清洁和绿化行动的支持力度，推进农村水系综合整治。三是加大数字乡村金融支持。推动金融支持智慧农业发展，促进信息技术与农机农艺融合应用。推动支持以数字技术赋能乡村公共服务，拓展农业农村大数据应用场景。支持数字乡村试点，加快推动数字乡村标准化建设。加快农业农村大数据应用，创新金融产品支持智慧农业发展，推动数字化应用场景研发推广。

（四）金融支持城乡融合发展的服务创新方向

城乡融合发展过程中释放的金融需求巨大，金融机构应立足自身优

势，综合运用多种金融支持手段，加强服务模式创新，积极推动机构间的联合与合作，共同在服务城乡融合发展中发挥作用。

1. 创新完善农村土地金融信贷模式

加大对城乡融合过程中农村土地承包经营权、农民住房财产权、集体经营性建设用地使用权等涉农新型产权抵押担保模式的创新完善。充分利用耕地占补平衡指标交易和城乡建设用地增减挂钩节余指标交易相关政策，完善利用土地两项指标流转收益抵质押模式支持乡村振兴的有效路径，进一步加大"土地+"等成熟模式的复制推广力度。探索农村集体土地集约化利用、厂房设施市场化经营、集体建设用地租赁住房建设等方面的金融支持模式。

2. 健全农业产业链金融支持模式

创新推广供应链金融，以核心企业为切入点，支持县域内企业的生产、加工、销售一体化经营，加大对产业化联合体、产业联盟、产业集群等各类产业协作组织信贷支持模式的探索。加大对农村土地流转、规模化经营、农业生产资料生产购置、春耕备耕、秋冬种、农业社会化服务和优质粮食工程等农业生产端的支持力度。深化对小微企业和新型农业经营主体的金融支持，开发专属金融产品支持农村新产业新业态。

3. 探索多元化农村金融风险分担模式

加强金融机构与国家融资担保基金、国家农业信贷担保联盟、中国农业再保险公司等机构的合作。探索金融资金与财政资金合力支农新渠道，探索建立银政合作风险补偿机制，积极推动地方政府建立金融风险保障基金，探索构建"保证担保+偿债准备金+保险"的风险防范机制，整合中央财政、地方配套等补贴资金，利用政策性保险等优惠政策，全面保障资金需求。研究优化 PPP 项目信贷政策，探索政府、银行、保险、企业相结合的 PPP 融资服务模式，即借款企业与地方政府签订 PPP 合同，以 PPP 合同项下享有的权益和收益作为还款来源，并为金融机构贷款提供质押担保的金融模式，全方位支持乡村建设行动重点领域。

4. 创新推广绿色权益担保与交易模式

积极研究跟踪生态补偿政策，推广环境、社会和治理（ESG）理念，探索绿色权益担保与指标交易收益支持农业农村绿色发展信贷模式，推动排污权、用能权、用水权、碳排放权等绿色权益担保和交易试点。以普惠性、基础性、兜底性民生建设为重点，围绕支持水利、"四好农村路"、改善农村人居环境、数字乡村建设、新型城镇化、保障性租赁住房建设等，利用好金融机构现有信贷产品，根据各地城乡融合发展实际开展产品和服务模式创新，打好"组合拳"。

（五）健全金融服务城乡融合发展体制机制

从总体来看，我国已经进入城乡融合发展的历史阶段，金融机构要围绕服务城乡融合发展目标与定位，将服务城乡融合发展作为业务上的战略重点，研究部署服务城乡融合的计划与方案，完善与健全服务城乡融合发展的体制机制，在城乡融合发展进程中发挥应有作用。

1. 建立健全金融服务城乡融合发展组织架构

加强顶层设计，坚持理念引领，通过组织研讨、产品设计、典型宣传等方式，将金融服务城乡融合发展理念贯穿到金融机构各部门。建立健全金融服务城乡融合发展的组织管理体系，采取跨部门成立金融服务城乡融合工作小组等组织形式，相关业务部门作为小组成员，定期开展金融服务城乡融合相关业务交流，研究部署金融服务城乡融合重点工作。搭建横向协作、上下贯通的业务交流平台，就金融支持城乡融合业务充分开展交流研讨，完善现有金融产品与金融政策。加强涉农贷款风险统筹管理机制建设，加大对服务"三农"业务的激励力度。鼓励基层创新，健全容错纠错机制，尊重基层首创精神，就基层在服务城乡融合过程中开展的创新实践实行全过程监测评估，发现问题及时暂停，出现偏差及时纠正，确保业务创新合规健康开展。

2. 完善金融支持城乡融合发展政策体系

完善顶层设计，各金融机构在总部层面制定金融支持城乡融合发展的指导政策，明确指导思想、基本原则、发展目标、重点领域、主要任务、保障措施等内容，根据自身优势在全国范围内开展城乡融合金融的实践探索，鼓励创新实践，适时总结经验，加强宣传推广。在地方层面，因地制宜给予各地基层金融机构更多政策支持，给予涉农业务一定优惠政策。

3. 加强适配城乡融合场景的金融产品与服务创新

将金融服务城乡融合发展作为重要战略方向，通过加强对城乡融合场景的研究，加大对县域经济发展的支持力度。一是围绕城乡基础设施一体化、城乡公共服务均等化、乡村全面振兴、共富集成改革等城乡融合发展重点领域，加大金融产品和服务创新力度。二是围绕城市和农村市场经营主体发展，针对小微企业、家庭农场、农民合作社、社会化服务组织、集体经济组织等农业经营主体的金融需求，进一步探索完善与城乡融合发展需求相契合的信贷架构体系，加大政策倾斜和资源投入。三是在城乡基础设施建设领域做好信贷支持，重点支持城镇老旧小区、厂区和城中村改造、农村公共基础设施提档升级、水利基础设施建设、县域公共服务供给和新型城镇化建设等。四是强化县域特色场景拓展，围绕县域政府、企业、个人及涉农产业，创新县域智慧政务、教育、医疗等各类场景金融服务。充分运用大数据、云计算等新一代信息技术，优化风险定价和管控模型，有效整合涉农主体信用信息，提高客户识别和信贷投放能力，减少对抵押担保的依赖。

4. 因地制宜提高金融服务县域融合发展支持力度

从古至今，县始终是我国地方行政区划的基本单位，是我国经济结构的基本单元，也是城乡融合的重点领域。金融机构应结合自身优势，把县域金融作为服务城乡融合的重点领域和发展方向，重点在促进新市民有序融入城镇化进程、服务和培育县域特色优势产业、完善县域市政设施体系、强化县域公共服务供给、加强县域历史文化和生态保护、提高县城辐射带动乡村能力，促进县乡村功能衔接互补等多领域创新金融产品、开展金融服务。

我国地域辽阔，不同地区县域特点不同，各县的城乡融合进程和特征也不一样，因此推进金融支持县域发展要因地制宜、抓住重点，根据县域发展实际情况探索创新涉农金融产品。例如，对于大城市周边县，这些地区城镇化率较高，金融支持领域要同时关注土地、产业、人口变动趋势以及出现的城乡融合新产业新业态；对于专业功能县，需要围绕当地资源和优势产业，创新金融产品和服务模式，帮助其强化产业平台支撑，提高就业吸纳能力；对于农产品主产区县，金融支持重点要围绕集聚发展农村二三产业，延长农业产业链条，做优做强农产品加工业和农业生产性服务业，更多吸纳县域内农业转移人口，为有效服务"三农"、保障粮食安全提供支撑；对于重点发展生态功能的县，金融支持要围绕逐步有序承接生态地区超载人口转移，增强公共服务供给能力，发展适宜产业和清洁能源等方面提供支撑；对于人口流失较为严重的县，如东北个别地区已经出现逆城镇化现象（街道改乡镇），此时要密切关注城镇发展变化态势，支持有条件的资源枯竭县城培育接续替代产业。及时调整金融支持方向，将更多的金融资源投入乡村振兴领域，支持乡村特色优势产业和乡村建设。

5. 加快推进基于数字化转型的金融基础设施建设

抓住发展数字中国、数字乡村的战略机遇，金融机构要加快建立健全服务城乡融合的金融基础设施。一是积极与政府相关部门沟通联动，加快数字化平台建设，加强对城镇小微企业、家庭农场、农民合作社、农业社会化服务组织、农村集体经济组织等经营主体开展生产经营数据采集存档，实现农地确权、农业补贴、农业保险、产品交易等数据由政府相关部门与金融机构共享，推动全流程线上信贷产品创新。二是积极推动城乡家庭资产综合授信，通过与省级综合平台合作，推动开展城镇居民、农村居民和新市民等信息采集和建档。三是加强部门与机构联动，深化金融机构与基层政府相关部门、各类行业协会的联系合作，提升资源整合能力。四是因地制宜优化农村金融基础设施。结合各地实际需要，综合评估经济社会成本收益，通过政策引导，不断优化建设银行在城市和乡村的物理网点、农村金融服务站、助农取款点等机构布局，有效服务新型城镇化和乡村振兴各类需求。

【区域篇】

浙江嘉湖片区金融支持城乡
融合发展的实践做法

浙江嘉湖片区是 2019 年公布的国家城乡融合发展试验先行区之一。为深入了解嘉湖片区城乡融合发展情况以及金融支持城乡融合发展的实践探索，农研中心调研组到嘉兴市秀洲区、湖州市德清县进行专题调研，同相关部门领导、基层干部、金融机构、新型农业经营主体、企业经营者进行了交流座谈。现将有关情况报告如下。

一、嘉湖片区城乡融合发展的做法与经验

浙江省属于我国东部发达地区，城镇化率水平较高，如嘉兴、湖州的城镇化率均超过或接近 70%。农村人口大量涌入和融入城市，为城乡空间重构创造了条件。浙江省各地政府主动作为，以实现人的全面融合为核心，以财政积极投入为引领，以推动新型城镇化和乡村全面振兴为目标，以土地制度改革为抓手，推动城乡融合背景下新产业新业态不断涌现，为金融发挥自身功能和作用支持城乡融合创造了空间。

（一）以一体规划为引领，强化城乡融合发展顶层设计

坚持城乡一体规划设计，为城乡融合发展谋篇布局。一是明确规划定位，全域优化城乡空间布局。秀洲区营造繁华都市主城区与特色新城镇、美丽新乡村融合发展新格局，加快推进秀洲区由城郊区向产城高度融合、城乡高度融合的现代化主城区迈进，全面提升秀洲区城乡发展能级。德清县统筹推进美丽县城提升工程、美丽城镇先行工程、美丽乡村升级工程，投入 20 亿元打造了一批美丽宜居示范村庄，建设了 4 条串联美丽村庄的景观带。二是规划纳入"一张图"。秀洲区结合自身优势和基础条件，编制城乡融合发展总体规划、国土空间规划、城镇控制性详细规划、重点区域城市设计、城市未来社区和 195 个保留村落的布点规划，形成完整的城、镇、村规划体系，与交通、教育、产业、农经、水利等专项规划衔接，纳入"一张图"。德清县坚持"一张蓝图管到底"，依托国家"多规合一"试点和新一轮国土空间规划编制试点，建立起覆盖城乡的空间控制体系，进一步优化村庄布局，全县 1751 个居住点撤并为 229 个。三是提升城镇发展能级。秀洲区加快推进由城郊区向现代化主城区迈进，建成以"一园四中心"为核心的高品质城市生活空间。以 524 国道为城市外环线，将五镇全面纳入主城区发展，以王江泾镇省级小城市培育为起点，各镇相继开展城市核心区、商贸综合区、公共服务区等城市功能建设，加速由"镇"向"城"转变。德清县全域推进"四核五区"9 个风貌区建设，其中 2022 年创建 2 个，即绿色生态旅游发展县域风貌样板区和整体智治特色产业风貌样板区。

（二）以产业融合发展为抓手，夯实城乡融合发展基础

秀洲区聚焦城乡生产要素跨界流动和高效配置，推动建立以工促农、以城带乡的长效机制，加快建设城乡产业协同发展平台，促进一二三产业融合发展，加速传统产业与新经济新业态融合发展。一是做强"种业+"现代新农业。制订现代种业发展五年行动计划，列入省级新时代现代种业

集成改革试点，吸引禾天下种业公司等企业落户新塍镇火炬村。联合中国农业科学院、市农业科学院等团队，开展稻米种业科技创新转化改革试点。加快推动农业全产业链和一二三产融合发展，做实种养链、做强加工链、做活农旅链，形成粮食、青鱼、莲藕三条全产业链年总产值超50亿元，创建省级示范性全产业链1条，省级产业化联合体1个。大力发展智慧农业，实现稻米种植、加工、销售全产业链社会化服务，种管收烘全程机械化率达97%以上，工作效率提升5倍，亩均效益提升300多元。实施乡村产业数字化应用示范工程，打造数字化种养基地26个，创建省级数字农业工厂2个，获评全国县域数字农业农村发展水平评价先进县。二是做优"科创+"现代新智造。加速实施创新驱动发展战略，规模以上工业企业研发活动覆盖率、研发机构设置率分别达94%、83%，高新技术企业、省科技型中小企业分别达282家、795家，分别增长3.1倍、3.4倍。加速构建现代产业体系，数字经济核心制造业、高新技术产业、高端装备制造业和战略性新兴产业增加值占规上工业增加值比重分别达33.00%、71.50%、31.50%和50.50%。打造光伏小镇，集聚全球光伏玻璃龙头福莱特、全球光伏第一大企业隆基、全球光伏行业龙头阿特斯等光伏"三巨头"，"行业龙头企业+企业研究院+上下游配套企业"为一体的光伏全产业链生态圈强劲崛起，2022年实现产值203.6亿元，同比增长72.7%。加速打造科创平台，秀洲国家高新区蝉联31家同批次新升级国家高新区评价排名第一。三是做精"美丽+"城乡新业态。深化乡村产业跨界融合、农文旅融合，提升发展乡村旅游、农家乐、民宿、康养、乡村夜经济等美丽经济新业态。打造最美田园，探索实施"万亩良田+生态农业"机制，建设市郊"三生"融合稻田农民公园。创建运河湾国家湿地公园，打造油车港麟湖画乡非遗精品线路、运河湿地—荷美王江泾精品线路和王店品重梅溪耕读精品线路等乡村旅游精品线路，秀水田园·梅梨梓乡线入选全省首批共同富裕新时代美丽乡村示范带，创建省级AAAA级景区镇2个，获评全国乡村旅游重点村1个。

（三）以制度创新为突破口，推动城乡要素双向流动

以农业转移人口市民化为重点，深化户籍制度、土地制度、产权制度等综合集成改革，促进城乡资源要素双向流动，为城乡融合发展提供要素支撑。

第一，加快建立城乡人口双向流动机制。在农业转移人口市民化方面，秀洲区实施"进城农民登记备案+居住地管理"制度，全域土地整治中退出宅基地接受公寓房安置的本区户籍农村居民，户籍住址不变、户口簿不换，原有农村权益不受影响，同时享受居住地社区的公共服务。德清县全面并轨了 33 项依附在户籍背后的差异政策，县域居民全面实现同等待遇。制定《德清县户口迁移暂行规定》，分类明确落户条件，基本实现农村居民进城镇落户"零门槛"。在外来人口本地化方面，秀洲区全面放开新居民城镇落户政策和落户限制，建立农民工落户机制，放宽亲属投靠落户政策，户籍人口城镇化率由 2004 年的 15.15%上升至 2021 年的 46.94%。德清县实施居住证制度，建立与社会贡献、技术职称等挂钩的新居民积分管理机制，向新居民提供梯度供给教育、住房保障等优质公共服务，着力解决"进得来、安得下、融得进"问题，促使有能力在城镇稳定就业和生活的常住人口有序实现市民化。

第二，深化农村土地制度改革。秀洲区探索建立农村"三权"自愿有偿转让退出机制，激活农村土地市场。推进全域土地综合整治，鼓励公寓式安置方式。优化城乡土地利用空间结构，提升土地节约集约利用水平。统筹推进农业空间内高标准农田建设、农村建设用地复垦、粮食生产功能区建设等项目，共实施农村土地综合整治项目 178 个。开展农户承包地"定量不定位"改革试点，将整治后的新增耕地与原有承包面积量化到户、重新确权，推进承包经营权变股权、农民变股东，推动"保底+分红"活权增收，股权农户亩均增收 100 元以上。德清县深入推进"三权到人（户）、权随人（户）走"的农村产权制度改革，对农村土地（林地）承包经营权、宅基地用益物权、集体资产股权、农田水利设施所有

权等进行全面确权，固化农村居民权益，促进农村要素流转，助推"三农"发展。创新承包权"定量不定位"机制，首创"长流农民"转职工保险机制，探索经营权抵押贷款激励机制。以全国首批农村股份权能改革试点县为契机，赋予成员对集体资产股份的占有、收益等六大权能，集体经济组织成员身份确认、集体资产股权证书发放等工作完成率均达100%。扎实推进农村土地制度改革，"农地入市"创造了协议出让第一宗、公开竞拍第一槌、集体土地到银行抵押第一单，截至2022年底，已实现入市309宗，面积2354.6亩，入市成交总额8.98亿元，集体收益6.9亿元，惠及农民群众23.6万余人；推进宅基地"三权分置"，出台全国首个基于"三权分置"的宅基地管理办法，探索宅基地使用权流转与抵押机制、有偿使用与自愿有偿退出机制，全国首创"单一"宅基地贷款。

第三，深化财政金融支农体制改革。秀洲区坚持财政优先投入农业农村，调整土地出让金收益用于农业农村的比例达到50%以上。深化农村信用体系建设，秀洲区信用贷授信总额度达35亿元，单个农户授信额度为10万~30万元，家庭农场等新型农业经营主体授信额度为10万~200万元，信用贷申请程序简便，农户通过手机App即可操作。在葡萄种植专业村王店镇庄安村，村支书告诉我们，"现在有了信用贷，村里葡萄种植大户贷款很方便，只要材料齐全当天就可以放款，一般能贷到30万元，年利息是5.35%"。德清县支持乡村振兴各项工作：一是加大"三农"的投入保障。2022年全年，"大三农"口径的财政投入是49.27亿元，同比增长25.10%，农林水支出8.88亿元，同比增长4.90%。同时加大土地出让收入用于农业农村的投入，全年有4亿多元，占比达5%以上，高于省里的要求。二是支持扩大农业农村的有效投资。2022年，德清县农业农村局出台了《德清县农业高质量发展若干政策意见（2022—2024年）》，从六个方面加强农业农村各方面的政策，政策预算资金从2022年的500万元提高到2023年的2250万元。三是积极争取上级的资金支持。省财政在乡村振兴以及农村综合性改革中单独切一块资金，在全省进行竞争性立项，德清县几乎每年都争取到了乡村振兴示范建设工作试点、一事一议支持美丽乡村建设、支持打造丰富乡村建设等试点，仅这两项工作，争取到上级资金1.8亿元。四是开展涉农资金统筹整合。改变财政支农政策撒胡椒粉的低效模式，围绕省级以上的重点项目和县里的农业农村工作重点推进统筹整合，形成政策合力。一方面，以规范管理来提升涉农资金绩效，对新出台的政策要求主管业务部门编制事前的绩效评估报告，像德清县农业农村局2022年的高质量政策以及粮食政策进行了事前绩效评估，用资金统筹来指导上年重点政策的更新。另一方面，把补贴对象和补贴目的相近的政策资金统筹起来，放大收益对象获得感。另外，把性质相近受益对象有交叉的工作，如全域土地整治、非粮化清理腾退权益计划，再如未来社区和未来乡村等这些项目厘清实施边界，合理协调补贴标准，确保政策的公平，也引导其他行业的资金加大对农业农村的投入。

（四）以优化资源配置为重点，推进城乡基础设施与公共服务均等化

秀洲区努力构建城乡一体化基础设施支撑体系，持续推动基本公共服务向常住人口全覆盖，推动实现城乡公共服务普惠均衡，提升人民群众获得感、幸福感。一是推进城乡基础设施互联互通。实现供水供电供气基础设施一体化，城乡污水管网全覆盖，水电气"同网、同质、同价、同管理"。高质量推进"四好农村路""美丽农村路"等建设，公路网百平方公里密度为213公里，城乡客运一体化达到交通运输部AAAAA级水平。大力推进农村5G基站、新能源汽车充电桩、工业互联网等新型基础设施建设。二是推进城乡公共服务均等共享。打造就业服务平台，完善创业服务体系，落实创业扶持政策，打造技能培训平台，推进技能评价改革。推进教育资源均等化，乡村和镇区公办义务教育学校实现教共体全覆盖。优化三级医疗服务体系，全面完成村卫生室新一轮标准化改造。三是逐步缩小城乡居民和城镇职工社会保障差距。全面强化医疗保险保障功能，全力推动"嘉兴大病无忧"商业补充医疗保险参保，提升医疗保障水平。实施城乡居民基础养老金五年倍增计划，城乡居民基本养老保险基础养老

金实现九连调，由 2013 年的 100 元/人·月调增至 2022 年的 320 元/人·月。

德清县以省城乡体制改革试点为契机，全面推进城乡交通、住房保障、供水、供气、污水处理、垃圾处置"六个一体化"。针对以往垃圾处理体制不顺、标准不明、权责交叉、条块分割、管理缺失等问题，创新实施"一把扫帚扫到底"的城乡环境管理一体化模式，实行保洁、收集、清运、处理、养护"五统一"，通过小垃圾的"大革命"，实施四大类垃圾简便分类，初步实现垃圾处理源头减量化、收集分类化、处理资源化，实现城乡垃圾收集覆盖率、生活垃圾无害处理率"两个100%"，入选全国首批百个农村生活垃圾分类示范县。建立健全城乡教育设施标准、人员编制、工资福利"三统一"机制，率先在全省实现中小学教室、寝室空调全覆盖，城乡义务教育学校校车接送全覆盖模式在全国推广；联动推进医疗、教育等优质资源下沉，全国首个县域医共体统一支付平台投入使用，医养协作服务实现全覆盖，特别是综合医改打通了群众健康服务"最后一公里"，被国务院点名表扬。

（五）以治理现代化为抓手，推进城乡社区治理一体化

秀洲区不断健全自治、法治、德治、智治"四治融合"治理体系，推动社会共治行动。一是探索"网格+"工作机制。针对城乡融合新社区人户分离、农居混住、新旧融合等治理难题，秀洲区探索"网格+"工作机制，建立社区工作群、网格工作群和微网格工作群，探索"以新管新"的新居民治理模式，每万人配备 18 名社区工作者，配备党员微网格长，实现"把支部建在网格、把党员沉到网格、把服务融入网格"的目标。二是创新"12345"社区治理模式。"1"为"一约"，即指导社区（村）建立社区（村）自治公约；"2"为"两会"，即全面组建社区居委会、小区业委会；"3"为"三团"，即拓展完善百姓参政团、道德评判团、百事服务团；"4"为"四格"治理体系，即搭建"党格+警格+网格+云格"的"四格"治理体系；"5"为"五社"联动，即优化社区、

社会组织、社会工作者、社区志愿者、社会慈善资源"五社"联动机制，调动企业、社会组织、广大居民参与社区共建共管。三是搭建数字化管理服务平台。以数字化改革引领城乡融合新社区管理服务能力提升，搭建社区治理云平台，推进基层治理"一件事"集成改革，加快未来社区"邻系列"服务场景落地，推进"未来智安小区"建设，构建立体型、智慧型治安防控体系。

德清县坚持"五治"融合，推动城乡基层治理现代化。完善"政治、自治、法治、德治、智治"融合的基层治理体系，探索"五位一体"的县域善治模式。以政治统领示范，在德清县委的领导下，全面建强村社、企业、机关等各类党组织，以党建引领提升工作质效、营造良好氛围。以自治激发活力，建立社会组织参与基层社会治理服务云清单，首创"乡贤参事会"基层治理模式，创新推进"幸福邻里"中心建设。以法治定纷止争，全面推行以"四民主、两公开"为主要内容的民主法治建设，建立"一村一法律顾问"制度，打造宪法主题公园等省级法治文化阵地，完成村级公共法律服务点全覆盖。以德治文化引导，运用"线上"平台、诚信积分和信用修复机制等"数字化"手段，传播塑造"德文化"，创新推行"公民道德教育馆""百姓设奖奖百姓""志愿服务代币"。以智治提高效率，加快探索大数据助力政府数字化转型、智慧城市建设和数字经济发展的新路径，在全省率先实现"数字乡村一张图"全域覆盖。

二、金融支持嘉湖片区城乡融合发展的基本情况

总的来看，在城乡融合发展的过程中，无论是金融机构，还是相关业务主管部门，在政策支持、平台搭建、产品和服务方式创新等方面都发挥了非常重要的作用。主要体现在以下几个方面：

一是聚焦强村共富方面。秀洲区不断完善"建档+数字授信"体系建

设，将"农户家庭资产负债表"有效融入农户建档授信工作中，多渠道采集农户信息，对农户家庭资产进行精细化计量、估值，精准评估农户还款能力。按照"以户定额、无感授信、有感反馈、贷前签约、按需用信"的要求，开展农户小额普惠贷款授信、用信工作，单户授信最高额度30万元。全区实现农户小额普惠贷款行政村和农户全覆盖，累计完成普惠无感授信7.22万户，授信金额达116.31亿元，其中用信1.13万户、27.6亿元。德清县金融机构与镇（街道）、村社基层党组织共建银村合作体系，壮大村集体经济发展。如农商行设立专项信贷资金20亿元用于支持村级集体经济，已累计发放村级组织类贷款83户，累计发放金额4.19亿元。同时深化强村项目的融资保障，推动银行机构做好村级固定资产投资、小微园区改造、强村文旅项目等的信贷支持，县农商行已经累计给强村公司授信2亿元，用信1.67亿元。

二是金融产品创新方面。农业银行秀洲支行开发了"美丽乡村贷""美丽城镇贷""富村贷""种粮e贷"等"组合礼包"。农商银行德清支行创新开发农村土地承包经营权、农民宅基地使用权、农业标准地使用权、农企振兴贷等新型贷款产品。同时，创新GEP绿色贷款等生态资产抵质押贷款、湿地碳汇金融PTD闭环体系，创新开发针对粮食种植和渔业养殖的绿色低碳信贷产品，将项目碳排放情况和绿色低碳评价结果纳入产品审批要素。农业银行德清支行v换新推出留抵税e贷，发放了全省第一笔留抵税e贷。邮储银行德清支行面向有农房建造、改造、翻新、装修等需求的农户，推广美丽乡村建设小额贷款，单笔贷款最高额度200万元，解决安置户的贷款难题。

三是优化金融服务方面。秀洲区实施股改上市"213秀洲凤凰行动"，推动企业上市对接资本市场，梳理挂牌企业建议名单、股改企业建议名单、中介机构规范指导签约企业建议名单"三张清单"，对照名单开展精准宣传动员，推动企业与中介机构早签约、早股改。建立企业上市中介服务专家库，为企业股改上市提供专业咨询指导，提前帮助企业熟悉资本市场，谋划上市路径，完善内控制度，强化上市前规范化经营。建设银行德清支行铺设"裕农通+村支'两委'"服务点，提升服务点数量和质量；建设"浙里乡"数字村社综合服务平台，集多样性、实用性、集中管控、数据安全性、维护便利性于一体，全面展示村容村貌，也为村民提供了便利。"建行生活"App为用户提供美食、商超、外卖、充值、打车、电影演出等一系列生活服务。农商银行德清支行建立镇级金融指导员、村级金融服务员、组级普惠联络员三级三员联动机制，扩大普惠金融服务范围。

四是构建信用积分赋能系统。秀洲区率先构建"信用积分"评价指标体系，企业无需提供抵押凭证、银行流水、资产证明等材料，构建包含成长经营、社会贡献等的正向给分，以及经营风险的反向扣分和不予赋分三项内容的"5+1+1"体系，将评价结果从金融服务拓展应用到人力资源服务、法律服务领域，按照"信用积分"的高低，市场主体在申请金融贷款、法律援助等不同服务可享受不同的优惠利率，着力解决小微主体发展困难和瓶颈。实现了金融服务领域明显拓宽，人力资源服务渠道明显畅通。2022年小微主体信用贷款占比明显增长，从原来的3%提升至6%；2980家小微主体通过平台完成融资55.8亿元，平均贷款利率下降0.3个百分点；平台运行以来共发布2166个招工岗位，收到简历6750份。

五是加强专项债券争取和管理工作。秀洲区紧紧抓住政策窗口期，组建工作专班，抓政策辅导、抓项目储备、抓债券争取，研究制定《秀洲区地方政府专项债券全周期管理办法》，明确职责，实行借、用、管、还全周期管理，加强债券资金使用监管。2022年全区共争取专项债券额度42.35亿元，是2021年全年发行规模的17.6倍，创有史以来新高。截至2023年3月，全区成功申报涉农专项债项目5个，项目总投资合计36亿元，债券总需求26.95亿元。德清县近年来谋划了东部美丽乡村共富示范区建设、乡村振兴提标工程（莫干山镇片区）、乡村振兴提标工程（新市、禹越片区）、禹越镇"全域联创"乡村振兴精品示范区建设等5个专项债项目，2个已通过财政部和国家发展改革委审核，争取专项债资金金额0.65亿元。

三、金融支持嘉湖片区城乡融合发展面临的主要问题

调研发现，受政策、制度、市场、改革等因素影响，嘉湖片区在推动城乡融合发展中，有些领域的金融支持还跟不上形势发展，有些方面的金融创新还受到一定程度制约，亟需通过持续深化改革、加强政银多方合作、强化制度创新等方式，为金融支持城乡融合提供更为广阔的平台和空间。

（一）土地金融业务受农村土地制度改革深化程度的影响较深

城乡融合背景下的土地制度改革具有联动性、系统性、集成性等特点。浙江省针对农村承包地、农村宅基地、农村集体经营性建设用地、农业"标准地"等土地制度改革出台了系列文件，以农村全域土地综合整治为代表的重大项目工程将单项的土地制度改革推进到了土地、人口、金融等改革系统集成阶段。据调研发现，围绕农村土地的金融产品与服务创新不断涌现，金融在助力城乡空间重构过程中不断发掘和完善城乡融合自我"造血"机制，为推动城乡全面融合起到了重要作用。然而，从实际运作情况来看，土地金融闭环的形成还面临诸多制度障碍，前端有闭环，中后端无法处置的情况依然存在，土地抵押品的市场认可程度还有待时间检验。首先，农村宅基地流转的制度性障碍较多。农村宅基地具有社会保障功能，流转和处置的前置条件和政策限制较多。比如，法律规定宅基地不能流转给本集体经济组织以外的人，从而限制了宅基地的流转市场，导致农村宅基地相关的金融业务难以开展；农村住房处置有别于商品房，虽然政府出台了处置办法，但在实际处置过程中，遇到房屋登记有老人和未成年子女的情况，可能涉及《老年人权益保障法》和《未成年人保护法》

的范畴，导致金融机构不敢盲目处置；有的农户家庭自住只占用 1~2 间房，其余房间出租，如果银行进行处置，又不能分割住房，给处置带来一定困难；个别地区农民在宅基地上自建房时的住房抵押贷款业务无法有效认定，原因在于中国人民银行政策规定，不允许将农村宅基地做抵押贷款建房，而如果套用消费贷等信用贷款方式，又面临消费贷不能用于房地产业务的政策限制。其次，农村集体经营性建设用地市场价值变现存在困难。目前，农村集体土地抵押评估机制仍不完善，各方均认可的农村土地抵押评估机制尚未建立。据调研了解，浙江省农村集体经营性建设用地入市的制度通道已经建立，但对银行等金融机构来说，土地入市成功并不意味着具备与入市价格相同的金融价值，由于农村土地流转市场不完善，农村集体经营性建设用地相关贷款如出现风险，银行仍然面临着抵质押品处置困难等问题。最后，农业企业对集体经营性建设用地的认可程度也不如国有土地。主要原因在于，企业在经营过程中要形成资产，农村集体经营性建设用地上的资产，目前还无法实现和国有土地上资产同样的抵押价格。据浙江省德清县相关部门反映，农村集体经营性建设用地入市后，银行认可的抵押率要比国有土地平均低 20%~30%。

（二）现有金融政策与城乡融合场景的适配性有待提升

在城乡融合发展过程中，农村和城市均面临空间和结构的重构，许多融合场景需要金融支持而受制于现有金融政策。例如，当前乡村振兴中的高标准农田建设、农村基础设施建设、全域土地综合整治等，还款来源往往不足（准公益项目）或者涉及政府隐债（如用土地指标调剂作为还款来源）而很难通过；一些从事传统农林牧渔业的新型农业经营主体或者处于创业阶段的农创客，存在投资回收周期长、自然和市场风险并存，以及缺乏合格抵押物等问题。金融机构普遍反映，农村抵质押物缺乏，入市土地和资产等交易活跃度不高，风险成本补偿机制不足，导致银行等金融机构业务开展范围受限。据调研了解，很多金融业务仅局限于试点，大规模推广条件还不成熟。例如，农商银行秀洲支行反映，农村产权资产有待盘活，业务开展困难重重，截至 2022 年底，农房抵押贷款仅做了 700 多万元，集体资产抵押贷款额度降为 0（2021 年做了 300 多万元）。

此外，农村特有的经济和社会制度也对金融机构授信和开展业务造成一定影响。例如，村集体办企业的决策机制要求，涉及企业贷款时需要全体村民表决，而村民大部分在城镇务工，有的还在外地，造成贷款手续繁琐、办理时间较长等问题。受自然风险和市场风险双重影响，乡村产业抗风险能力较弱，金融机构面临较大的风险压力。加上经营不规范、专业度不够等因素，乡村产业在财务制度、会计报表、内部管理等方面规范性较差，如一些家庭农场、农民合作社等根本没有财务报表，有的虽有报表但也不规范或造假迹象明显，无法作为授信依据；农村集体资产，由于权属为全体集体经济组织成员，银行无法将其资产作为贷款抵押，因为出现坏账时也将面临无法处置的困局。

（三）农村金融基础设施与金融数字化转型的要求存在差距

当前我国农村信用体系建设还不完善，涉农数据获取难、更新慢、准确性不高，导致金融业务特别是信用贷款业务开展受到较大程度影响。银行等金融机构亟需与政府涉农数据资源对接，如农村土地确权数据、种养殖情况数据、农业补贴数据、保险数据等，同时尽可能把农村的交易、物流、支付等信息形成信用资产，最终形成涉农经营主体全面的数据画像。政府端、产业端可用的信息数据比较缺乏，数据质量不高，导致对"三农"客群画像不精准，银行很难批量化开展业务。此外，调研发现，各银行均形成自己的数据收集系统，数据互通互享程度不高，重复调查也造成较大的资源浪费。

（四）浙江建设银行亟需与金融竞争现状相适应的政策支持

浙江省民营经济较为活跃，金融机构竞争非常激烈。据建设银行浙江省分行相关部门反映，虽然其在系统内各项涉农指标排名处于前列（如2022 年总行口径下，浙江县域支行一般性存款余额列系统第三，县域对公存款日均余额列系统第一，县域各项贷款时点余额和增量均列系统第一），但与同业（如农商银行、农业银行等）相比差距仍然较大，主要原因在于：一是同业金融机构深耕农业农村领域多年，基础工作做得较为扎实，市场占有率较大；二是同业金融机构的市场定位在农业农村，上级部门较为支持，具有比较优势；三是受地方保护等因素影响，同业具有较多政府资源，建设银行难以介入基层业务。例如，其浙江分行公司业务部反映，当前与乡镇一级政府合作较少，主要原因就是乡镇政府主要与农商银行进行业务联系，建设银行缺乏业务合作机会。

在物理网点的设置方面，建设银行浙江省分行的"裕农通"业务近几年撤销了一些"空心村"、无金融需求的村网点，采用线上线下相结合方式开展业务和服务，但受其总行对"裕农通"覆盖率考核的限制，还是有些成本较高的网点无法撤销。在金融产品与服务的宣传方面，当前各金融机构均将乡村振兴作为业务开拓的重要领域，涉及乡村振兴的金融产品多、特色多、类型丰富，但农户等经营主体却不了解或者知之甚少，农村金融业务及产品的宣传迫在眉睫。

四、相关建议

基于金融支持嘉湖片区城乡融合发展的现状以及面临的突出问题，提出以下针对性建议。

（一）创新完善农村土地融资机制设计与风控能力

土地金融是城乡融合发展中金融支持的重要领域，针对当前土地金融发展过程中面临的突出问题，提出几点建议：一是建立健全农村不动产抵押信息共享平台，鼓励市场认可的第三方评估机构对土地价值进行评估，并根据土地性质、土地流转市场的活跃程度等合理确定抵押率。二是完善押品处置变现手段，结合业务开展地区的金融环境与金融基础设施，综合利用流转交易、协商收购和法律诉讼等多种方式灵活实现土地经营权的处置变现。三是实现借款主体、用途、额度、期限等信贷要素的协同，设置贷款产品时综合考虑农业生产经营过程中的流动资金和中长期资金使用需求，贷款期限根据项目生命周期和土地经营期限合理设定。四是有效利用土地经营权股权质押、土地信托收益权质押、土地经营权反担保等间接抵押方式降低银行处置成本和处置风险，提高第二还款来源的稳定性和可靠性。五是切实加强和完善风险防控措施，综合利用农业担保、农产品期货、农业保险、农业风险基金等金融工具与金融政策，通过严格客户准入、设置科学担保组合、通过金融工具转移风险等措施降低信贷风险。

（二）加强适配城乡融合场景的金融支持与服务创新

建议金融机构将服务城乡融合发展作为未来金融支持的重要战略方向，通过加大对县域经济发展的支持力度，加强对城乡融合场景的研究。一是围绕城乡基础设施一体化、城乡公共服务均等化、乡村全面振兴、共富集成改革等城乡融合发展重点领域，加大金融产品和服务创新力度。二是围绕城市和农村市场经营主体发展，加强针对家庭农场、农民合作社、集体经济组织等农业经营主体的规范化培训，进一步探索完善与城乡融合发展需求相契合的信贷架构体系，加大政策倾斜和资源投入。三是对于建设银行，要充分发挥自身优势，在基础设施建设领域做好信贷支持，重点支持城镇老旧小区改造、农村公共基础设施提档升级、水利基础设施建设、县域公共服务供给和新型城镇化建设等。

（三）加快推进基于数字化转型的农村金融基础设施建设

金融机构要在数字乡村转型的关键期，同步提档升级，加强农村基础设施的数字化建设。一是建议由政府相关部门牵头，加快数字化平台建设，加强对家庭农场、农民合作社、农业企业、农村集体经济组织等经营主体开展生产经营数据采集存档，实现农业补贴、保险、交易等数据由农业农村部门与金融部门共享，推动全流程线上农户信贷产品创新。二是金融机构要积极推动农村家庭资产综合授信，通过与省级综合平台合作，推动开展农户信息采集和建档。三是加强部门联动，深化金融机构与基层政府、农业农村主管部门及各类行业协会的联系合作，提升资源整合能力。四是加快推进数据法治化建设，加强数字乡村标准化建设、发挥标准化为数字乡村建设提供的引领支撑作用，有效保护农业经营主体的信息安全。

（四）因地制宜给予基层银行更多政策支持与宣传推广

针对同业竞争异常激烈的情况，建议银行总行给予浙江省各行涉农业务一定的优惠政策，如在内部资金转移价格方面，能够继续下调以有效应对价格之争；在金融产品市场定价方面，能够进一步放宽自主定价空间；在项目审批方面，能够结合地方实际给予更多审批权限；在物理网点建设方面，建议实行地区差异化政策，在"裕农通"网点布局上给予不同地区多元化渠道建设权限；在金融产品宣传方面，建议政府提供宣传平台，将辖域内所有金融产品集中进行整合宣传，解决供需各方的信息不对称问题。完善建设银行内部管理体制机制，加强涉农贷款风险统筹管理机制建设，加大对服务"三农"业务的激励力度。

河南省金融支持城乡融合发展的实践做法

党的二十大报告提出，全面推进乡村振兴，要坚持农业农村优先发展，坚持城乡融合发展，畅通城乡要素流动。为进一步了解金融机构在城乡融合过程发展过程中的做法和经验，农研中心调研组于 2023 年 4 月 23~25 日赴河南省许昌市（国家城乡融合发展试验区）开展实地调研，了解许昌市金融机构在城乡融合发展中所采取的主要做法、存在困难和面临挑战，并提出了值得关注的问题和建议。

一、河南省金融支持城乡融合基本情况

河南是人口和农业大省。自 2019 年以来，河南省积极按照河南省许昌市国家城乡融合发展试验区建设要求，重点围绕国家赋予许昌的 5 项重点试验任务进行改革，在建立城乡基础设施一体化发展体制机制等方面进行探索，系统推进许昌国家城乡融合发展试验区建设，在促进县域经济发展、推动城乡融合方面取得了成效。截至 2022 年末，河南省常住人口 9872 万人，城镇化率 57.07%，经济总量 6.13 万亿元，社会消费品总额 2.4 万亿元，金融总量 3301.4 亿元，存、贷款余额分别突破 9.3 万亿元、7.6 万亿元。

（一）加大贷款力度，做好融资支持

截至 2022 年底，河南省本外币贷款余额 76076 亿元，较年初增长 5535 亿元，贷款总量持续攀升；涉农贷款余额 25762 亿元，比年初增加 1544.2 亿元，同比增速 5.58%。其中，许昌市 2022 年末贷款余额 2622.3 亿元，贷款总量逐年提升，存贷比为 79.99%；普惠小微贷款余额 454.99 亿元，比年初增加 17.71 亿元，同比增长 4.05%。

在信贷产品方面，持续创新金融支农产品，满足不同主体融资需求。河南省金融机构约有 198 个乡村振兴金融产品、330 个服务企业融资金融产品、91 个绿色金融产品、87 个科技创新金融产品、87 个项目建设金融产品，切实保障了乡村各类资金需求。其中，建设银行许昌分行推出主要信贷产品如农险贷、香菇贷、冷链贷、农担贷、商户贷等，并推进创新产品如烟农贷和富农产业贷等。农业银行许昌分行围绕许昌十大产业，累计为县域发放"一县一品"纯信用贷款 2 亿元，共 28 笔。

在贷款主体方面，推进信用评级建设，完善贷款主体增信机制。针对农村经营主体规模小、分散等特点，把推进"整村授信"工作作为农村信用体系建设的重要抓手，河南省依托基层组织和基层金融机构，开展信用信息采集、评级、授信，促进农村地区信息、信用和信贷联动，截至 2022 年末，行政村评级授信覆盖率超过 70%。

在产权抵押方面，完善农村产权抵押权能，推动农村产权融资扩面增量。河南省积极对表国家重点试验任务，盘活农村闲置资源，有序推进农村产权抵押范围。截至 2022 年末，许昌市累计推进农村集体经营性建设用地上市出让 20 余宗，面积约 700 亩。同时，长葛市作为全国首批农地抵押贷款的试点县市之一，积极推进试点工作，为涉农经营主体开辟新的融资渠道，缓解了因缺少抵质押物造成的贷款难问题，截至试点结束，长葛市农地经营权抵押贷款累计金额 4.8 亿元，共 443 笔。

在服务渠道方面，线上线下双轮驱动，深入金融服务乡村振兴工作。截至 2021 年末，河南省共有银行业金融机构网点 13014 个，银行机构标

准化网点对全省乡镇覆盖率达 100%；网点、机具等基础金融服务对河南省 4.5 万个行政村的覆盖率达 100%。截至 2023 年 4 月，河南省村镇银行数量达 77 家，覆盖 88 个县市，覆盖面 82%，覆盖县市数、村镇银行总数量分别位居全国第一、第三。同时，搭建全国首个省级金融服务共享平台，把沉睡的数据转化为中小微企业抵押担保等价物，有效纾解中小微企业融资"难、贵、繁"问题。截至 2022 年 11 月，平台归集共享税务、社保、电力、工商、信用等 218 类涉企数据 4 亿余条，为银企提供贷款申请、融资需求发布、政策直达等服务 100 多项，放款总额突破 1450 亿元。

（二）引入担保和保险机构，完善风险分担机制

为进一步扩大农村贷款规模，发挥金融支持城乡融合推动作用，河南省积极引导非银金融机构参与农村金融服务，在壮大农村集体经济组织、强化特色产业、保障粮食安全等方面扮演重要角色。截至 2022 年末，河南省共有融资担保公司 268 家，在保余额 2071.07 亿元，在保市场主体 98.49 万户；保险公司 43 家，原保险保费收入 2369.53 亿元，保单件数 10.7 亿件。

在担保方面，第三方担保公司参与授信，提高银行贷款积极性。河南省农业信贷担保公司积极与各家银行开展合作，截至 2023 年 3 月，实现担保金额 12.76 亿元，共 3737 笔；在保金额 3.86 亿元，共 1250 笔；2023 年第一季度新增 9000 余万元，在保金额 2600 余万元。具体来看，围绕重点特色产业，创新业务模式，精准支持乡村农业产业；同时，加大担保线上产品开发，运用金融科技手段打造自己的数字化平台。

在保险方面，传统保险与创新保险并行，统筹解决种养业风险高、融资难等困难。中原保险作为河南省唯一一家地方性的保险法人机构，农业保险规模约占许昌市政策性农业保险的 60%，在种植领域基本实现应保尽保。在加强对现代农业产业保险保障的同时，深入创新农险产品，加强对特色产业的保障，2023 年针对禹州市中药材产业创新保险保障。

（三）丰富基金、债券等工具，拓宽金融支持服务

河南省在有序推进信贷融资的同时，积极探索基金、债券等金融工具，发挥直接融资优势，引导金融资源向省内优势特色农业产业注入，全方位助力金融支持城乡融合发展。

在基金方面，设立风险补偿基金，助力健康城乡融合发展。长葛市设立 2000 万元农村承包土地经营权抵押贷款风险补偿基金，对因发放农村承包土地经营权抵押贷款造成的损失给予最高 20% 的补偿，基本覆盖了抵押贷款的可能风险损失。长葛市科技局支持有条件的技术转移机构与天使投资、创业投资等合作建立投资基金，充分发挥现有各类政府投资基金的使用效益，构建多元化的科技成果入乡转化投融资渠道，为科技成果入乡转化提供强有力的金融支撑。

在债券方面，2022 年河南省发行地方政府债券 3999.6 亿元，其中，一般债券 1099.4 亿元、专项债券 2900.3 亿元，投向规模前三分别为市政和产业园区基础设施、保障性安居工程、社会事业，占比分别为30.29%、29.34%、23.63%；还有一部分项目资金投向了生态环保、农林水利、城乡冷链、保障性安居工程、能源等领域。此外，积极申请国家专项债，如教育领域申请专项债用于学校建设，提高基础教育保障水平，缩小城市教育资源与农村的差距。

二、金融机构支持城乡融合的主要做法

近年来，对标国家城乡融合发展试验区河南许昌改革试验任务要求，各金融机构以县域发展为载体，积极参与、多方发力，从政策、制度、主体等多角度进行支持，为城乡融合发展提供良好的金融环境和平台。

（一）聚焦城乡融合发展，积极落实金融政策

为了进一步促进金融机构支持城乡融合发展，按照河南省许昌市国家城乡融合发展试验区建设要求，各金融机构不断发力，深入贯彻落实有关政策方案，建立健全政策机制，助力金融发力城乡融合。各部门深入落实省委、省政府印发的《关于支持许昌高质量建设城乡融合共同富裕先行试验区的意见》，河南省金融监管局联合多部门出台了《关于金融支持许昌市建设城乡融合共同富裕先行试验区的若干措施》。同时，长葛市作为全国首批农地抵押贷款的试点县市之一，制定出台了《关于开展农村承包土地经营权抵押贷款试点工作的意见》《关于印发长葛市农村承包土地经营权抵押贷款管理暂行办法的通知》《关于印发长葛市农村承包土地经营权抵押贷款风险补偿资金管理暂行办法的通知》等一系列政策性文件，为试点推进工作奠定了政策基础。此外，域内各金融机构落实人总行《农村承包土地的经营权抵押贷款试点暂行办法》，积极创新金融支持，促进金融机构支持政策落实落地。

（二）稳步推动农村土地制度改革，盘活农村土地资源

积极稳妥推进试点工作开展，打通城乡土地要素流通堵点，为金融机构助力乡村发展创造可行路径。土地是打破城乡发展壁垒的关键因素，近年来，河南省对表国家赋予许昌城乡融合发展试验区的改革试验任务，以土地制度改革撬动金融支持城乡融合。第一，探索农村土地经营权抵押贷款。为拓宽涉农经营主体融资渠道，鼓励农村开展规模化经营，长葛市稳步推进农村承包土地经营权抵押贷款试点工作，探索出"农地经营权抵押+贷款保证保险+风险补偿"贷款模式，创造了四项"全省第一"：第一个成立全省首家农村产权交易服务中心，第一个发放全省第一笔土地经营权抵押贷款，第一个引入贷款保证保险机制，第一个颁发全省农村土地流转使用权证。截至试点结束，长葛市农村土地经营权抵押贷款累计投放金额 4.8 亿元，共 443 笔。第二，助力农村集体经营性建设用地入市。为充分盘活农村土地，许昌市结合改革试验任务，稳步推进农村集体经营性建设用地入市工作，其中鄢陵县、建安区、襄城县集建地均有入市。截至2023年4月，全区集建地入市规模700余亩，共20余笔。第三，探索推动土地流转工作。为提高农地使用效率，推动高标准农田建设，撬动更大社会资金促进优势产业发展，许昌市积极推动域内土地流转工作。截至2023年4月，长葛2个村已完成流转，10个村的流转工作也正在规划，预计未来将达到以点带面的效果，助力强化优势特色产业，实现美丽乡村建设。

（三）完善农村产权抵押担保权能，健全金融支持机制

在盘活农村土地资源的同时，河南省积极拓宽农村产权担保物范围，探索推动林权等农村资产资源确权登记颁证、抵押登记备案工作，并开展活体畜禽、作物等生物资产抵押贷款。与此同时，河南省不断探索建立健全金融支持机制。第一，建立农村产权抵质押物价值评估机制。由各金融机构通过委托具备资质的第三方评估机构对农村产权价值进行评估，同时，针对农地价值评估，人民银行长葛市支行还指导金融机构将第三方评估机构评估转变为行内评估和双方协调评估，优化抵押物价值评估流程，有效降低了农地抵押客户的融资成本。第二，完善农村产权交易平台建设。规范产权流转交易程序，畅通依法处置抵押物、实现抵押权渠道，做好信息发布、产权查询、指导交易等服务工作，促进三资平台与金融机构信息对接，并加强对平台的宣传推广。2015年，长葛市成立了农村产权流转交易服务中心，现已成为集信息发布、产权交易、法律咨询等为一体的为农服务综合平台。第三，建立风险缓释机制。将农村产权抵押融资风险纳入政策性融资担保体系，推动区级融资担保公司积极对接农权抵押融资项目，推动政府资源为"三农"强化担保增信支持，推动农村产权抵押融资纳入省、市级风险代偿补偿专项资金支持范围。2015年，长葛市政府出台了《长葛市农村土地承包经营权抵押贷款融资风险补偿资金管理暂行办法》，并设立2000万元农村承包土地经营权抵押贷款风险补偿基

金，基本覆盖了抵押贷款的可能风险损失。

（四）聚焦农村集体经济发展，拓宽金融支持路径

近年来，金融机构围绕支持新型农村集体经济发展不断创新，夯实农村发展实力、促进城乡融合发展。如中原农险通过"保险+资金+村集体+大田种植"的模式，通过村集体经济合作社进行土地流转，保险进行风险兜底的方式，提高村集体的积极性，2022年在禹州2个乡镇6各村流转土地约3170亩，实现村集体增收60万元。农业银行为满足农村集体三资管理需求，大力推进三资平台建设，现已在长葛市和魏都区上线该平台，为村镇提供便捷的线上服务。此外，把推进"整村授信"工作作为农村信用体系建设的重要抓手，截至2022年末，许昌市已为70%以上行政村完成评级授信工作。

（五）创新金融产品，满足农村多元金融需求

为了进一步鼓励引导金融机构积极参与乡村振兴建设，促进城乡融合，金融机构紧扣乡村发展需求，不断创新推出金融产品，满足不同主体金融服务需求。

在信贷产品方面，打造了覆盖农户、新型农业经营主体、村集体、农村产业等各个领域的乡村振兴贷款体系。例如，建设银行推出云税贷、结算贷、抵押贷、农险贷、香菇贷等十几个贷款产品，合计贷款余额30.67亿元，其中小微企业涉农贷款余额10.33亿元，农户贷款余额20.34亿元，有力支持了农业产业化龙头企业、农民专业合作社、家庭农场等涉农主体的发展壮大；此外，在城乡一体化建设上，还推出有"城市更新改造贷款"，现已发放贷款4.5亿元。农商银行长葛支行和长葛轩辕村镇银行分别设计推出"农地通"和"利农通"产品，邮储银行、农业银行也相继推出农地经营权抵押贷款产品，为涉农经营主体开辟新的融资渠道。同时，许昌市科技局积极承担科技金融任务，截至2023年4月共为136家核心企业提供贷款规模约7.5亿元。

在担保产品方面，河南农担聚焦农业产业，在粮食生产、生猪、辣椒、红薯、烟叶等方面进行产品开发，精准支持乡村农业产业。此外，针对许昌市 11 个特色产业设计产品服务方案，并加大线上担保产品开发力度，利用数字化手段与各个金融机构开展合作。

在保险产品方面，中原农险创新农险产品，加强对特色产业的全产业保障，2023 年拟针对禹州市中药材产业发展与政府进行对接沟通，加强对禹州特色产业的保险保障。此外，许昌市还制定《关于建立科技成果入乡转化机制的实施意见》，鼓励、支持保险机构开发符合技术转移特点的保险品种，为科技成果入乡转化提供保险服务。

（六）推进数字化转型，提升金融服务质效

随着经济增长模式从要素投入型转向创新驱动型，金融体系也在不断调整，各金融机构积极加快数字化转型进程，提升金融服务质效。例如，农商行通过"党建+金融"网络化营销的方式，与当地的街道办事处、社区对接，发挥人熟地熟资源熟的优势，走网络化营销路径。河南农担坚持科技赋能，运用金融科技手段打造自己的数字化平台。此外，许昌市科技局搭建农业科技创新平台，建立了入乡科技成果数据库，录入新成果、新技术、新品种达 1865 项，向企业推荐 126 项，有效推动农业科技成果转化。佛耳湖蜂业小镇建设了"中国蜂机具"和"中国蜂产品"两个电子商务平台，开网店的农户达 400 家，网店数近千家，实现了消费者、蜂农、生产企业的直线对接，以"电子商务平台+企业+农户+消费者"的方式打通蜂产品产业链条，带动农村创业和就业。

（七）完善涉农风险分担补偿机制，提供多元金融保障

农业自然灾害一方面导致农业生产费用增加，另一方面导致粮食减产，直接影响农业贷款的回收。为进一步降低农业风险，完善涉农风险分担补偿机制，河南省推动"政银担"合作，为中小微企业、"三农"融资增信，提升政策性融资担保公司服务"三农"以及城乡融合发展项目能

力。推动银行和政策性融资担保公司开展深度合作，通过政府补贴融资担保费、分摊融资风险的方式，为城乡融合发展提供融资增信服务。其中，为鄢陵"政银担"模式累计放款 1.2 亿元，在保金额约 2600 万元。长葛市积极引入保险机制，由借款人购买以贷款银行为受益人的贷款保证保险，保障金额最高可达贷款金额 70%；此外还设立风险补偿基金，对因发放农村承包土地经营权抵押贷款造成的损失给予最高 20% 的补偿，有效防控贷款风险。

（八）加强县域基础设施和社会公共服务建设，提高金融支持力度

为了加快补齐县域基础设施和公共服务短板，金融机构围绕县域发展需求，通过加强与重点项目对接，提供资金支持。一是加强基础设施建设支持力度。2022 年许昌市 381 个百城建设提质工程项目完成投资571.7 亿元，绕城高速、国道 311 许昌段改建等项目顺利推进，新建燃气管网 127.2 公里。在乡村振兴以及城乡融合的背景下，金融机构也不断加大对交通、能源、水利、新基建、新型城镇化等基建项目和重大工程的金融支持力度。例如，建设银行大力支持许昌市农村饮用水提质增效、农村给排水一体化、天然气改造、河流治理、道路改造项目，累计投放贷款21.28 亿元。二是促进医疗和教育资源均等化。许昌市出台《关于开展乡村医生"乡聘村用"工作的指导意见》，逐步建立乡村医生"乡聘村用"制度，逐步实行乡村医疗卫生服务管理一体化。同时，建设银行积极配合政府推进市级"四所医院"、县级"三所医院"项目，累计发放贷款3.02 亿元，助力许昌市医疗体系的相关建设。市教育局鼓励、支持教育机构申请国家专项债，用于提高基础教育水平，缩小城乡教育资源差距。三是助力完善养老体系。截至 2022 年末，许昌市 28 个街道全部建成综合养老服务中心，923 个社区基本实现养老服务设施全覆盖，养老体系初步建立。在支持县域养老产业方面，银行结合养老产业发展特点和实际情况，持续优化产品供给，助力养老服务体系建设和适老产业发展。农商银行许昌支行对辖区居民开展健康义诊、金融知识进社区、养生大课堂讲解

等活动，加强农村地区金融知识普及，达到了"尊老、敬老、爱老、助老"的效果。

三、目前存在的主要问题

调研发现，许昌市各级政府部门在推动城乡融合各项任务中，通过完善制度供给、积极搭建平台、创新改革路径等方式，建立健全支持城乡融合发展的体制机制。金融机构结合各自优势，主动服务城乡融合各领域，创新出很多金融产品和服务模式，助力县域经济高质量发展。然而，受发展阶段限制、政策消化周期等多方面因素影响，许昌市在推动城乡融合发展过程中还面临着诸多问题。

（一）农村资产抵押担保权能亟待完善

农村资产抵押担保权能的实现是金融机构开展农村金融业务的基础和保障。许昌市长葛市从 2014 年开始筹措农村产权交易中心，开展国家农村土地经营权抵押贷款试点，虽然取得了一定成效，但仍然存在较多问题，试点推广面临重重困难。一是产权交易渠道不畅影响抵押物变现能力。一方面，农地附着物价值不高，抵押的农地经营权可能出现不能及时足额变现，作为抵押权人的金融机构存在顾虑；另一方面，农村土地流转市场发育程度不足，缺乏大量合适的市场主体，大宗农地经营权流转能否及时顺畅流转存在不确定性。抵押物不能及时变现，造成金融机构在开展业务过程中心存顾虑，加大了金融体系的风险累积。二是监管部门和金融机构对不良贷款容忍度有待提高。农业生产经营的高风险性决定了土地经营权抵押贷款的高风险性，在现有监管制度的影响下，农村承包土地经营权抵押贷款的不良贷款容忍度与其他贷款没有区别，严重制约了银行业金融机构参与试点工作的积极性、主动性，不利于试点工作的有序推进。

三是省级金融机构重视程度亟待加强。从试点工作开展情况来看，省级金融机构对农地经营权抵押贷款试点工作重视程度不够，未对试点地区分支机构进行充分、有效的政策支持和业务指导。有些金融机构未从顶层进行产品设计或产品准入条件非常苛刻，有的基层银行甚至没有贷款权限。四是保险公司对试点认识较为局限。在实际工作中采取的是"农村承包土地经营权抵押+贷款保证保险+政府风险补偿基金"贷款模式，由于农业生产投资大、回收期长且贷款风险较难控制的特点，保险公司对农业保险业务持审慎经营态度。据了解，长葛市承担该类贷款保险业务的是人保财险和中原农险两家，而其他保险公司无法享受财政补贴政策，难以实质性参与。而 2016 年中原农险就以未与长葛市签订战略合作协议为由停止了此项业务，人保财险跟进不够及时，其倡导的"政银保三位一体"协议一直未能落地。此外，中原农险对土地流转的承保范围过窄，只对粮食作物进行承保而对其他经济作物不承保。而在实际中，很多流转大户在取得流转土地后很多是进行经济作物的种植，这样就造成了承保范围和实际的脱节。在承保额度上也存在一定问题，承保额度仅 200 万元，而一些大的新型农业经营主体的资金需求量比较大，远远不能满足这些新型农业经营主体的保险需求。

（二）农村集体经营性建设用地入市配套机制亟待健全

农村集体经营性建设用地入市是有效盘活农村土地资源，实现农村资源资产在城乡有序流动的重要改革举措。该项改革的顺利推进需要政府和市场有机结合，政府通过出台政策文件，搭建土地流转平台，开展改革制度创新，扫除集体经营性建设用地入市的制度障碍。但土地要素市场发育并不是政府能够左右的，必须具备一定的条件和经历一个发展过程。一些地方在开展该项改革实践过程中，往往忽视了政府与市场的关系，政府出台政策后，没有及时根据市场发育情况跟进相关配套措施，导致该项改革仅有制度供给，没有市场需求，导致政府供给与市场需求间形成错位。例如，调研组在鄢陵县调研时发现，2012 年该县为推进新型农村社区重点建设项目，通过农村集体经营性建设用地入市的方式，规划调整 600 多亩集体经营性建设用地以与国有土地同价同权的方式入市，并给集体土地上的房屋颁发了不动产登记证书。项目原计划通过农民集中居住，结余出宅基地指标转为建设用地后入市获得资金给农民建设安置房。但由于项目后期缺乏运营，农民都不愿意搬到新的安置房，导致出现原有村庄和现有安置房并存的局面。原有宅基地没有形成结余指标，新的指标已经批复并建设完工，一系列违规操作导致该项目问题重重，成为"豆腐渣工程"。

（三）科技成果入乡转化需确保农民利益

建立科技成果入乡转化机制是许昌作为国家城乡融合发展试验区的重要任务。调研组通过实地考察长葛市种业小镇（国家级农业强镇）了解到，当地通过农业产业化龙头企业（育种）带动小麦、玉米等农作物新品种的育、繁、推全链条。企业研发和经营能力较强，资金缺口主要集中在季节性收购农产品方面，由于企业经营所用土地为设施农业用地，故不能作为资产进行抵押，只能用总部（郑州市内）国有土地上的资产进行抵押获得贷款。在新品种推广方面，企业一般采取试验田开展试验，试验成功的品种在当地合作社或是关联企业进行推广，企业对推广品种给予保底价收购，确保种植农民收益。由于新品种没有保险公司介入，故针对自然灾害导致减产后的损失未建立相应的补偿机制，农民利益难以得到有效保障，也进一步影响农民对新品种的接受度。

（四）城乡融合改革的系统集成亟待加强

城乡融合发展涉及经济、社会、文化、生态等多个方面，全面深化改革成为推动城乡融合发展的重要路径。然而，从调研情况来看，政府各部门在各自职能范围内开展工作，对系统集成改革认识不足、理解不深、思路不清、着力不多，导致系统集成改革常规推进落实的多，自主创新突破的少，制度层面探索建设不足，改革总体上平推平拥，缺乏亮点特色。例如，许昌市没有国家农村宅基地制度改革试点，在推动农村土地制度改过程中，很多制度创新无法获得国家授权；集体经营性建设用地入市改革只在试点县域范围内推进，与许昌市全域推进城乡融合的思路不相匹配；金融对农业农村项目投入积极性不大，财政、金融、保险没有形成较好合力，开展城乡融合资金筹措渠道较窄，城乡融合发展基金没有成立；城乡金融资源分布不均匀，地方法人金融机构享有人民银行再贷款优惠利率，金融市场竞争出现过度授信现象；农村集体经济组织法人地位无法落实，金融机构不敢过多介入；等等。此外，从许昌市城乡融合发展现状来看，改革的有些领域有些环节确实还存在配套措施或政策缺位、错位的情况，亟须从顶层设计层面加强对改革配套措施、配套政策、配套机制的完善和供给，保障城乡融合领域系统集成改革的深入推进。

四、金融机构支持城乡融合发展的几点建议

城乡融合发展是一项系统性的大工程，金融机构在参与助力的同时，也同样需要通过持续深化改革、加大市场培育、加强政策扶持等方式，有效发挥政府和市场的互促作用，激活产品与要素市场，在城乡关系的不断演进中实现区域高质量融合发展。

（一）继续深化改革和制度创新，搭建良好融资平台

农村集体产权制度改革阶段性任务完成之后，农村资产除了承包地之外，还有农村宅基地、农村集体经营性建设用地、农村集体经营性资产等多种类型，要继续深化改革和制度创新，完善农村集体资产产权权能，为金融资金进入农业农村提供良好的融资平台与金融环境。一是建立农村土地流转交易储备客户大数据库。建议通过成立省、市、县三级农村产权交易平台，扩大市场容量，建立农村土地流转交易储备客户大数据库，做到全省的土地流转信息在平台上可见，构建买卖双方沟通的平台。同时大力

培育农村土地流转交易市场，扩大土地流转交易信息覆盖范围，从而解决抵押物处置难的问题。二是适当提高农地抵押贷款不良率容忍度。相关监管部门、试点银行要落实试点工作要求，下发具体支持措施、考核标准和监管指标等，有针对性地提高对农村承包土地经营权抵押贷款不良率的容忍度，增强金融机构参与试点工作的积极性。三是适当下放贷款审批和评估方式权限。金融机构要在有效控制风险的前提下，根据实际需要，不断修订完善内部管理规定，对试点县域分支机构下放一定的权限，鼓励试点县域分支机构能够根据当地特色推出合适的金融产品，助力提升试点的带动效应，更好地服务"三农"。四是加大对保险公司支持力度。建议各级财政扩大贷款保证保险保费补贴范围，引入竞争机制，让更多保险公司公平参与市场竞争，不断提高农业保险服务水平，有效降低农地经营权抵押贷款成本，切实发挥惠农作用。

（二）不断完善农村集体经营性建设用地入市相关政策配套

农村集体经营性建设用地入市需要加强政策配套。一是严格执行民主程序，充分尊重农民意愿。集体建设用地（包括农村宅基地、集体经营性建设用地、农村公共设施用地等）都是集体资产，所有权在村集体经济组织，农村集体资产处置与分配，除执行国家政策规定外，由农村集体经济组织全体成员（代表）大会讨论决定，以免出现农民不认可或损害农民利益的行为。二是严格操作规程，规范入市途径和流程。农村集体经营性建设用地入市环节较多，且每个环节都需经历一系列操作流程，为避免出现上述违规违法问题，需要建立健全监督机制，严格按照土地入市程序进行操作。三是建立健全市场化评估和资产处置机制。建议引入第三方评估机构开展项目可行性评估，将风险防患于未然。建立健全农村集体土地入市后资产处置机制，省、市、县各级建立农村产权交易市场，通过市场化方式化解资产处置风险。

（三）建立健全农业科技成果推广过程中的农民利益保障机制

一是提高农民组织化程度。通过成立农民专业合作社、村集体经济组织作为纽带等多种方式，提高农民在产业链中的组织化程度，提高农民话语权。二是大力推广农业社会化服务。农业社会化服务是解决小农户与现代农业有机衔接的重要路径，要鼓励和支持农业社会化服务机构广泛开展适应农户需求的专业化服务，弥补农户生产过程中的短板，减少农户生产风险。三是创新金融产品和服务。农业科技成果创新成功将发挥出巨大的经济效益和社会效益，金融机构要创新产品和服务支持农业科技创新和农业科技推广，银行、保险、期货、基金、信托等要形成"组合拳"，将风险控制在可控范围内。

（四）健全城乡要素双向有序流动体制机制

针对许昌市在推进城乡融合发展过程中面临的改革系统集成问题，要强化系统思维，坚持城镇化与乡村振兴双轮驱动，从资金、人才、土地、技术、数据等要素入手，健全城乡要素双向有序流动体制机制，注重发挥市场的决定性作用，有效发挥政府部门作用，多维度推进城乡融合发展。一是加强部门改革集成协同。强化上下联动、一体攻坚。改革各部门要站在大局高度、立足全局视野，跳出小我利益格局，打破各业务内容、各系统板块之间的壁垒，推动系统集成改革走深走实。要做到上借下力、下借上势、统分结合，推动各项改革举措向中心目标聚焦发力、协同突破，实现改革目标统一、任务协同、成果共享。二是健全改革利益联结机制。对改革涉及部门及主体的责任划分和落实机制进行科学深入分析，完善和健全各主体部门间的利益联结机制、动力来源机制、协调共生机制，推动各项改革政策与措施的落实落地。进一步增强改革工作的制度化、规范化水平，通过建立完善改革责任落实、任务谋划、督察督办、宣传推广等落实机制，形成推进改革工作的全链条闭环式管理模式。充分发挥改革考核"指挥棒"作用，指导各级各部门加快改革任务攻坚、改革亮点打造，实现以考核促落实、促提升，确保改革顺利推进。三是完善集成改革配套措施。要注重左右协同、高效联动。加强工作协调配合，增强政策衔接配套，形成力量相互支撑、工作相互配合、数据相互分享、流程相互衔接的集团化作战格局。要下大气力在固根基、扬优势、补短板、强弱项上完善配套，在推进改革的系统集成、协同高效上完善配套，在提高改革的战略性、前瞻性、针对性上完善配套，使改革更好地对接发展所需、基层所盼、民心所向，推动改革和发展深度融合、高效联动。通过完善改革配套，提高改革的系统性、整体性和协调性，开创出城乡融合发展过程中系统集成改革的新局面。

四川省金融支持城乡融合发展的
实践做法

党的二十大报告提出，全面推进乡村振兴，要坚持农业农村优先发展，坚持城乡融合发展，畅通城乡要素流动。为进一步了解金融机构在城乡融合发展过程中的做法和经验，农研中心调研组于 2023 年 3 月 27~30 日赴四川省成都市邛崃县、郫都区开展实地调研，了解了建设银行四川省分行在城乡融合发展中所采取的主要做法、存在困难和面临挑战，并提出了值得关注的问题和建议。

一、四川省金融支持城乡融合基本情况

四川省是人口和经济大省，自 2019 年以来，四川省积极按照四川成都西部片区国家城乡融合发展试验区建设要求，对标国家赋予成都的 5 项重点试验任务，探索金融服务县域经济发展、促进城乡融合的可行路径，有序推动各项实验任务取得成效。截至 2022 年末，四川省常住人口 8368 万人（全国排第五），经济总量 5.67 万亿元（全国排第六），金融总量 20.2 万亿元（全国排第七），社会消费品总额 2.4 万亿元（全国排第六），存、贷款余额分别突破 11 万亿元、9 万亿元。

（一）加大贷款力度，做好融资支持

截至 2023 年 2 月，四川省本外币各项贷款余额 96459 亿元，较年初增加 4078 亿元，贷款总量持续攀升。涉农贷款余额同比增长 19.3%，农村基础设施建设贷款、农用物资和农副产品流通贷款、农田基本建设贷款分别增长 28.60%、32.10%、73.70%。其中，郫都区 2022 年末涉农贷款余额 213.9 亿元，邛崃市涉农贷款余额较年初增长 18.60%。

在信贷产品方面，创新深入农村融资产品开发，满足不同主体融资需求。四川省金融机构积极参与政府相关部门领导下的金融服务乡村振兴活动，围绕四川特色产业和农村集体经济组织、农业专业合作社等主体，深化"蓉易贷""第一书记振兴贷""兴蜀贷"等金融产品创新，通过政府搭建的"天府信用通""农贷通""蓉易贷"等平台扩大融资规模。其中，邛崃市通过"农贷通"累计发放贷款 29.11 亿元，共 2448 笔，通过"天府信用通"累计融资 35.1 亿元，共 291 笔；郫都区通过"农贷通"累计发放贷款 48.1 亿元，共 1102 笔。

在贷款主体方面，推进信用评级建设，完善贷款主体增信机制。针对农村经营主体规模小、分散等特点，人民银行四川分行积极引导辖内金融机构深化乡村信用评定，提高贷款效率，拓宽贷款范围。其中，邛崃市银行机构 2022 年末累计采集农户信息 17.32 万户，评定信用农户 16.8 万户，评定信用村（社区）139 个，评定信用镇（街）11 个。对 41656 户信用农户贷款 10.63 亿元，对 5464 个经营主体贷款 14.53 亿元，对 120个信用村（社区）授信 7 亿元，对 10 个信用镇（街道）授信 6.41 亿元。此外 4 家银行针对现代种业园区开展"整园授信"80 亿元，已发放项目贷款 10.9 亿元。郫都区银行机构 2022 年末评定信用新型农业经营主体 171 户，对 44 个村开展"整村授信"金额 9.21 亿元，发放贷款 1.88 亿元、惠及农户 809 户。对 3 个产业园区评定出的 45 家红名单、57 家白名单企业精准放贷 7.37 亿元。

在产权抵押方面，完善农村产权抵押权能，推动农村产权融资扩面

增量。四川省积极对表国家重点实验任务,盘活农村闲置资源,有序扩大农村产权抵押范围。其中,邛崃市结合特色镇及川西林盘建设,推进农村集体建设用地上市出让 24 宗约 85.6 亩,宅基地流转交易 4 宗约 103.2 亩,产权抵押融资金额约 65 亿元,共 4191 笔。郫都区 2022 年末农村各类产权贷款余额 5.43 亿元,其中农民住房财产权抵押贷款余额 1.69 亿元,集体建设用地使用权抵押贷款余额 3.31 亿元,农村土地承包经营权抵押贷款 40 万元。通过"农贷通"累计融资 48.11 亿元,共 1102 笔。

在服务渠道方面,线上线下双轮驱动,深入金融服务乡村振兴工作。截至 2022 年末,四川省已实现行政村银行服务 100%全覆盖,银行网点乡镇覆盖率达 98.8%,"天府信用通""农贷通""蓉易贷"等线上融资平台不断创新推出。具体来看,建设银行四川省分行 2022 年至 2023 年 3 月新设县域网点 6 个,在蓉"裕农通"服务点 232 个,实现行政村 100%全覆盖,以"裕农通"App 与"裕农通"线下服务点合力助力乡村振兴。农商银行郫都支行通过在辖内设置农村金融服务站、聘请金融联络员等方式线下对接潜在客户,并积极开展"送码入户,一键贷款"实现线上获客,2022 年末涉农贷款余额 73.53 亿元,其中农户贷款余额 22.33 亿元,新型农业经营主体贷款余额 4.74 亿元。

（二）引入保险、担保等机构,完善风险分担机制

为进一步扩大农村贷款规模,发挥金融支持城乡融合推动作用,四川省积极引导非银金融机构参与农村金融服务,在集体经济组织壮大、特色产业、粮食安全发展等方面扮演重要角色。截至 2022 年末,全省共有保险公司 104 家,政府性融资担保机构超 70 家,有力发挥"银行+非银"推动城乡融合发展合力。

在担保方面,第三方担保公司参与授信,减轻银行贷款负担。截至 2022 年末,四川省农业融资担保公司在保余额 217.2 亿元,在保户 58257 户,全年新增担保额 157.4 亿元,新增担保户 42691 户。其中,邛

崃市探索构建"政府+银行+农担公司""政银担"金融支持体系，设立500万元乡村振兴风险基金，2022年初通过"政银担"模式向集体经济组织及相关市场主体发放贷款1060万元。惠民担保公司2022年末累计为农村产权及存货、机器设备等抵押贷款担保30152万元，涉农贷款17103万元，共92笔。郫都区设立500万元乡村振兴风险基金，对村集体经济组织或与村集体经济组织合作的市场经营主体项目给予担保贷款支持。针对郫县豆瓣产业，形成以豆瓣企业为集群的专属产品，累计为涉农市场主体提供资金支持超30亿元。惠农担保公司2022年末累计提供涉农担保超20亿元，在保余额7685万元，共12户。

在保险方面，传统保险与创新保险并行，统筹解决种养业风险高、融资难等问题。截至2022年7月，四川省农业保险共实现保费收入38.60亿元，同比增长32.65%，为四川省提供风险保障近1300亿元，覆盖千万农户。其中，邛崃市探索创新基于"银行+保险"模式的"保单贷"信用产品，2022年末贷款余额共计810万元，共6笔，保险金额2866万元，理赔金额90.93万元，为涉农主体经营风险提供较好保险保障。郫都区聚焦乡村振兴，指导辖内保险机构大力推广涉农保险业务，基本实现主要农业产品全覆盖。具体来看，人保财险郫都支行2022年末累计提供农业风险保障近40亿元，支付赔款3000余万元，服务农户约60万户（次）。在稳步提升郫都区"三大主粮"保险覆盖面的基础上，结合区内"大蒜"特色农业产业，累计为区域内7200余亩大蒜提供收入保障近3500万元。此外，人保财险郫都支行创新推出"乡村振兴保""农耕保""扶贫保"等专属产品，全面保障辖内乡村产业稳步发展。

（三）丰富基金、债券等工具，拓宽金融支持服务

四川省金融活力充足，在有序推进信贷融资的同时，积极探索基金、债券等金融工具，发挥直接融资优势，引导金融资源向省内优势特色农业产业注入，全方位助力金融支持城乡融合发展。

在基金方面，围绕四川省现代农业"10+3"产业体系，充分发挥基

金引导作用。2022年，四川省首只省级乡村振兴引导基金设立，计划总规模100亿元，首期规模50亿元。2023年子基金设立，计划规模30亿元，成为国内规模最大的银政合作乡村振兴产业基金。具体来看，邛崃市针对现代种业园区设立了1.5亿元现代种业发展基金，引导金融资源积极向园区优质企业和重点产业基地倾斜，撬动社会资本合力推动种业园建设运营。郫都区引导鹃城金控公司成立川菜产业基金，对郫都川味川调产业主体的发展壮大和转型升级进行精准培育，并计划筹建总规模50亿元的产业发展母基金，助力城乡融合发展。

在债券方面，2022年四川省发行地方政府债券3872.99亿元，其中，一般债券1184.11亿元，专项债券2688.88亿元，投向规模前三分别为市政和产业园区基础设施、社会事业、交通基础设施，占比分别为37.08%、20.29%、13.20%。其中，邛崃市2022年上级财政转贷新增专项债券63500万元，投向用于公共卫生设施等3个领域，用于中医医院迁建项目、高标准农田建设项目等建设。郫都区乡村振兴公司2019年完成首只乡村振兴专项债发行，发行规模1.2亿元。2022年完成乡村振兴专项债发行2.3亿元，用于基础设施建设和冷链仓储物流等项目，助力城乡融合发展。

二、金融机构支持城乡融合的主要做法

近年来，围绕国家城乡融合发展试验区成都西部片区改革试验任务，各金融机构聚焦县域发展需求，积极参与、多方发力，从政策、制度、主体等角度进行支持。

（一）聚焦城乡融合发展，积极落实金融政策

为了进一步促进金融机构支持城乡融合发展，按照四川省成都西部片

区国家城乡融合发展试验区建设要求，各金融机构不断发力，加强政策支持，建立健全政策机制，推动创新金融服务。例如，人民银行郫都支行联合区相关政府部门制定《成都市郫都区推进金融业发展若干政策》《2021年成都市郫都区实施乡村振兴战略推进城乡融合发展行动计划》《成都市郫都区金融支持乡村振兴 2022 年工作方案》等文件，加强金融政策支持。邛崃市印发了《邛崃市乡村振兴金融创新示范区工作方案》，建立市财政局（市国资金融局）、市农业农村局、人民银行邛崃市支行、四川银保监局邛崃监管组、农业银行邛崃市支行等相关单位共同参与的工作推进机制。同时，邛崃市人民银行制定细化邛崃市金融服务乡村振兴重点任务清单，建立金融服务天府现代种业园区和新型农业经营主体主办行制度，明确金融服务乡村振兴重点任务、工作措施和责任机制，促进金融机构支持政策落实落地。

（二）推进农村土地制度改革，健全金融支持机制

土地是打破城乡发展壁垒的关键因素。近年来，四川省以土地制度改革为突破口，为金融机构注入乡村发展打通可行路径，有效促进城乡要素的互流互通。第一，助力农村集体经营性建设用地入市。为推进农村土地入市盘活，探索农村集体经营性建设用地抵押融资，金融机构针对辖内入市土地，创新业务模式，探索发放农村集体经营性建设用地贷款。早在2016 年农商银行郫都支行为迈高公司发放了一笔金额 410 万元的集体经营性建设用地使用权直接抵押贷款，这也是全国集体经营性建设用地入市试点以来第一笔集体经营性建设用地直接抵押贷款。建设银行郫都支行通过对区属国有公司乡村振兴公司追加授信，申请流贷资金，用于其参与农村集体建设用地腾退整理项目。第二，深化农村宅基地制度改革试点。郫都区通过分类探索宅基地有偿腾退、有偿使用机制，通过以宅换房、统筹安置等模式，引导 850 户农户自愿有偿退出宅基地 535 亩，结合饮用水源保护区生态搬迁，将腾退复垦的宅基地指标调整到川菜产业园区，拓展了乡村产业发展新空间。在此基础上，金融机构积极参与其中，作用显著。

如农业发展银行和农商银行西区支行探索出宅基地有偿腾退"郫都模式",为郫都区子云村、平乐村宅基地有偿腾退项目融资 17.53 亿元。建设银行郫都支行针对团结街道宝华村集体建设用地整理项目及客户支用计划,发放贷款 500 万元。

(三) 聚焦农村集体经济发展,创新金融支持路径

农村集体经济发展是夯实农村发展实力、促进城乡融合发展的关键内容。近年来,金融机构围绕支持新型农村集体经济发展不断创新。如建设银行总行推出"集体三资"集建地版、农业生产托管版系列贷款,有针对性地将农村集体经济组织及其控股的公司作为授信主体,依托系列贷款产品为符合条件的农村集体经济组织提供固贷及流贷资金,以满足村集体厂房修建、土地平整、农业生产周转等不同资金用途,为集体经济发展的多种模式提供融资服务。农业银行成都西区支行开立村集体经济组织账户 70 余户,推出"农村集体经济组织贷款"和"强村贷"等产品,最高金额 2000 万元。农业银行成都西区支行加强与村镇的对接,利用农总行涉农场景产品为村镇提供便捷的线上服务,村委可以实现乡镇治理、日常管理、农户贷款推荐等系列功能。

(四) 创新金融产品,支持农村产权融资

为了进一步鼓励引导金融机构积极参与乡村振兴建设,促进城乡融合,金融机构紧扣乡村发展需求,不断创新设立涉农信贷产品,打造了覆盖农户、村集体、农村基础设施、农村产业等各领域的乡村振兴贷款体系。例如,农业银行自 2020 年以来创新推出了"兴蜀贷""乡村振兴园区贷""良田贷""乡村人居环境贷"等金融产品,支持集体经营性建设用地抵押贷款、园区建设及运营、高标准农田建设以及农村人居环境提升;邛崃等地农业银行还开展"强村贷"项目,对于村集体经济发展提供启动资金支持,200 万元以内可以提供信用类贷款,抵押类贷款可以达到 1000 万元。建设银行四川省分行推出"第一书记振兴贷""蜀兴农贷"

"强农贷"等信贷产品，为从事农产品和涉农品牌经营的小微客户提供专属化信贷服务方案；农商银行郫都支行创新推出"乡贤贷""振兴贷"，为小型农业经营主体提供信用贷款，为大型涉农经营主体提供担保贷款。截至目前，郫都区农民住房财产权抵押贷款余额 16803 万元，农业生产设施所有权抵押贷款余额 4330 万元。

（五）推进数字化转型，提升金融服务质效

随着经济增长模式从要素投入型转向创新驱动型，金融体系也在不断调整，积极推进数字化转型。一是探索数字化经营新路径。在现代信息技术的支持下，金融机构依托大数据优势，为农业全产业链提供金融服务。如建设银行郫都支行依托"农业大数据+金融科技"，创新性地激活农村资产，打造农户信贷新模式，用金融力量使得"补贴用起来"，通过与多地惠民惠农一卡通平台对接，接入惠民惠农财政补贴资金，能够客观反映农户生产经营、行为评价的涉农相关补贴数据。二是探索数字人民币试点。四川省作为全国第一批数字人民币试点地区，近年来在内江市、自贡市、南充市、郫都区等地都开展了数字人民币试点探索。例如，建设银行四川省分行通过推出"数字人民币+税费缴纳"等多场景应用，为广大城镇居民提供更加便利的缴费体验。建设银行邛崃支行通过在城镇区域开拓人民币业务，已帮助邛崃当地 188 家商超、82 个村卫生诊所开通数字人民币收款业务。据调研了解，目前数字人民币试点范围已扩大至四川全省。

（六）完善涉农风险分担补偿机制

农业自然灾害一方面导致农业生产费用增加，另一方面导致粮食减产，直接影响农业贷款的回收。为进一步降低农业风险，完善涉农风险分担补偿机制，四川省推进乡村振兴农业产业发展风险补偿金，并在遂宁市、巴中市、古蔺县、西充县、叙州区开展了风险保障金试点工作。目前，已有 6 个市、县地区银行为 371 户新型农业经营主体及农业民营企业

提供了 3 亿元以上贷款，贷款综合融资成本普遍在 6.5% 左右。邛崃市政府通过设立 500 万元乡村振兴风险基金，与四川省农业融资担保有限公司合作，构建"政银担"金融支持体系，对村集体经济组织或与村集体经济组织合作的市场经营主体项目给予担保贷款支持。该合作模式下的贷款由政府风险补偿金、省农业担保公司、合作银行共同承担风险（省农业担保公司承担 40%、合作银行承担 30%、风险资金池承担 30%），以最高 20 倍的比例撬动银行信贷资金投入乡村振兴，全市 5 家保险公司累计赔付 9701.23 万元。

（七）金融支持县域基础设施和社会公共服务建设

为了加快补齐县域基础设施和公共服务短板，金融机构围绕县域发展需求，通过加强与重点项目对接，提供资金支持。一是加强基础设施建设支持力度。在乡村振兴以及城乡融合的推进下，金融机构不断加大对交通、能源、水利、新基建、新型城镇化等基建项目和重大工程的金融支持力度。如邮储银行郫都支行通过与当地城市基础设施建设两大平台公司进行合作，从公贷、投行等多维度提供综合金融服务；同时，通过公贷、发债等多种形式助力提升当地农业产业园建设发展。二是促进医疗和教育资源均等化。建设银行四川省分行通过开展"县域医共贷"，通过构建"基层首诊、双向转诊、急慢分治、上下联动"的分级诊疗模式，支持医共体经营周转的流动资金贷款产品，解决群众"看不上病、看不好病、看不起病"难题。三是助力完善养老体系。在支持县域养老产业方面，银行结合养老产业发展特点和实际情况，持续优化产品供给，助力养老服务体系建设和适老产业发展。例如，建设银行对中铁文旅集团的"中铁春台文化旅游度假中心"项目进行金融支撑，通过内部银团为客户授信 103001 万元，已投放贷款 30000 万元。

三、金融机构支持城乡融合发展存在的问题

四川省充分依靠金融力量，在推进城乡融合发展方面取得了一定进展。据调研了解，金融机构在实际推进中仍面临一些堵点，主要体现在以下几方面：

（一）农村资源特殊性强，金融机构支持范围有限

一是农村资产变现能力弱。据调研了解，农村资源的自身属性较强，流通性较弱，前期隐形投入较多，形成固定资产较少，市场认可度较低。如需要补交土地流转金，林权需办理砍伐指标等问题，导致资产变现能力弱。二是社会资本吸引力不足。由于农村宅基地腾退及安置成本不断提高，集体经营性建设用地入市周期较长，许多集体经营性建设用地受让企业因无法办理抵押登记，难以获得银行抵押，影响项目正常进行，对社会资本投入的吸引力不够。三是开发利用率不高。调研了解到，根据四川省相关文件规定，当地农村宅基地图斑不能跨区域集中使用，造成宅基地开发利用率不高，项目的打造和布局受到限制，大大制约了金融机构的参与。四是处置难度大，融资担保业务风险大。受到产权属性等因素影响，金融机构对农村宅基地、农村集体经营性建设用地等资产无法处置、不能变现。调研了解到，一些厂房在集体建设土地上修建，不能满足银行的抵押品要求，农村资源的实际价值难以体现。同时，由于缺少监管，存在土地二次抵押、三次抵押等不良现象，担保业务存在风险较大。而且一旦面临处置问题，农业生产设施土地和流转的土地租赁合同系抵押人与农户签订，涉及农户较多，较难执行，且在合同到期后，需承担农户土地租金，处置困难，金融机构参与难度较大。除此之外，在调研中了解到，从市场发展来看，集体建设用地入市以协议入市在先，再挂牌进行交易，所以其中间交易价格并

非以市场为主要影响因素，因此对于金融机构存在信息不对称的风险。

（二）农村产权抵押面临困境，融资方式难以落地

四川省具有较为丰富的山、水、林、田等特色资源，但在实践中，农业资产抵押贷款在发展过程中仍然面临较为严峻的现实困境。一是农户的有效抵押物较少，农业生产资料、集体土地、农村产权房屋、安置房难成为有效抵押品，对农户资产情况的核实较难。以农村集体经营性建设用地为例，按照相关规定，以集体经营性建设用地使用权抵押的，地上建筑物应一并抵押。但在实践中，由于历史遗留等问题，很多地上建筑物并未进行权属登记，因此造成集体经营性建设用地无法在金融机构进行抵押。此外，受土地用途限制以及缺乏相关政策规定，很多地区的村集体经济组织还无法对其集体经营性建设用地使用权进行抵押。二是市场价值难以充分体现，以林权为例，由于历史遗留问题，之前发放的林权证登记的林权归属较为模糊，部分林地使用权与林地上的林木所有权不对称，造成抵押标的物产权并不清晰，而银行业金融机构合格抵押品需要具备的要素最重要的是产权关系明晰、资产价值稳定以及容易变现。同时，在价值评估方面，林权抵押贷款价值较低。调研了解到，1000 亩林地仅有 100 万元的贷款额度，其自身价值难以得到充分体现，发展需求与金融供给之间不匹配。调研了解到，农业经营主体普遍反映，投入的东西很多，但是无法把这些投入变现投入市场，如鸡舍等农用设施普遍存在这个问题。三是农村产权抵押物价值评估体系还不够健全。从调研来看，四川省多地农村集体土地使用权价值采取第三方评估、金融机构自评估和双方协商等评估方式相结合，但是由于缺少历史评估价格和交易数据为参考，评估的公平性和准确性不足，削弱了金融机构和贷款客户的合作效率。

（三）农业产业发展存在特殊性，金融产品与金融需求不匹配

由于农业产业具有其自身的发展周期和规律，农业项目的孵化周期较长，对金融的需求高且独特，现阶段相匹配的金融产品仍不够完善。一是

由于农业资产的标准化程度和可流动性较差，抵抗自然灾害能力弱，种养殖生产周期长，农业经营主体在投入后产出时间长，在投入初期无法提供生产收益及成本支出材料，初期融资贷款较难。调研了解到，郫县豆瓣企业每年8~12月为采购高峰期，由于上游供应商主要为农业合作社或者农户，结算方式主要为现款现货或先款后货，因此融资需求较高，约为20亿元。二是涉农企业资金需求具有额度大、期限长、用款时间集中、季节性强等特点，需要更多的、针对性强的金融产品，但金融机构能够提供的融资产品相对单一，有些与农村经济发展的特征不相符合。三是抵押率过低，与融资需求不匹配。目前四川多个金融机构都出台了各类农村产权抵押贷款办法，但是抵押率都较低，一般为三至五成，融资金额与融资方的金融需求不匹配，导致贷款积极性不高。

（四）网点及人才队伍有限，农村业务下沉不到位

由于四川地理位置原因，农村分布散、覆盖面积大，金融机构在推进乡村业务时面临网点少、人员缺等问题。建设银行四川省分行县域覆盖度60%，四大银行排第三位，县域网点四大银行排第三位，系统第20位，其中总行重点县域数量排系统第五位。如建设银行郫都分行的网点主要集中在郫筒街道、红光街道、犀浦街道，还有4个街道、3个镇无网点覆盖，对涉农区域的服务覆盖面不足。同时，从事乡村金融工作的专业人才少，对涉农政策和产品研究不够，对农户信贷的推进认识不足，信心不足。

四、相关建议

（一）进一步完善金融机构支持城乡融合的政策体系

调研了解到，目前金融机构支持城乡融合的政策体系还不完善，尤其

是在农村金融基础设施建设、农村产权抵押担保权能等方面，面临的政策制约较多。建议进一步围绕金融支持城乡融合发展的主要领域，加强政策支持，打通金融机构的参与路径。一是提升农村金融基础设施建设。对建设银行等进入农村领域较晚的金融机构，需要结合当地实际需要，通过政策引导，不断加强银行网点、农村金融服务站、助农取款点三级机构布局，促进金融机构向农村领域倾斜。二是要完善土地制度改革的金融政策支持。建议进一步从政策层面突破，通过农村集体经营性建设用地入市、农村宅基地制度改革等试点，提高农村土地资源的开发利用，进而提升金融机构的参与积极性和支持效率。三是给予各地金融机构个性化的政策支持。针对农村和城市业务面临的多种差异性，建议在推进城乡融合过程中，在县域范围内给予金融机构更多灵活性的政策支持。比如，针对客户的选择标准，以及不良贷款容忍率等，都给予一定的空间。四是出台激励金融机构和其他组织参与农村金融服务的财政政策。建议可以通过设立普惠金融专项资金等举措，用于创业担保贷款贴息、涉农贷款增量奖励和农村金融机构定向费用补贴，引导鼓励金融机构加大对小微企业和"三农"的信贷供给。

（二）多渠道打通农村产权抵押融资通道

针对金融机构面临的农村产权抵押融资问题，一是拓宽农村产权抵质押物范围。四川省虽然已推出农村农用设施、农机具等抵押融资政策，相对而言，农村产权抵质押范围仍较小，建议继续推进完善农村各类资产资源确权颁证，探索和推广农村动产质押、应收账款质押，活体畜禽抵押，以及碳汇出让收益等抵质押融资模式。二是建立健全农村产权抵押担保配套制度。建议进一步建立完善农村产权抵质押物价值评估、流转交易、处置、风险分担等全流程配套制度。通过产权交易平台，不断完善信息的集成和共享。三是完善农村产权抵押物价值评估体系。由于区域地理条件、耕作习惯、物价因素、农作物生产成本、经济效益等巨大差异，建立统一的评估标准和市场可比价格体系并非易事。建议四川省可以根据当地实际情况，建立政府专家评估、专业评估机构评估、双方协商评估、金融机构自主评估等机制，并运用成本法、收益法、市场价格法等方法开展评估，探索差异化的价值评估体系，提高评估公信力。

（三） 加大金融支持城乡融合的产品与服务创新

建议四川省根据城乡融合重点领域，创新突破，进一步丰富农户信贷产品体系。一是完善银行的涉农产品功能，根据县域发展实际情况探索创新涉农金融产品，尤其对于一些专业功能县，需要围绕当地资源和优势产业，创新金融产品和服务模式。二是要积极推动"政、银、担"三方协作模式，聚合城乡社会资源，赋予涉农经营主体发展动能，强化对当地特色产业的带动力度。三是搭建涉农金融产品绿色通道。充分考量农业的实时性和周期性，对特殊涉农融资项目予以优先立项和审批，尽可能降低农业资产贬值的时间。

（四） 进一步完善涉农风险分担补偿机制

一是要从国家层面加强对融资担保基金的更多资金支持，建立完善形成原担保机构、市级再担保机构、国家融资担保基金和银行按照适当比例进行风险分担的风险分担机制。二是搭建完善"省—市—县"级涉农融资担保体系。通过省（市）级涉农融资担保平台与各区县农业融资担保公司开展联合担保合作，做大做强做优省（市）级农业农村融资担保机构。三是大力培育县域范围的农业农村融资担保机构，以县级农业农村融资担保机构为基础，充分发挥其与新型农业经营主体、担保业务管理方面的最直接优势，创新服务产品和服务方式，为农业经营主体融资提供多样化的融资担保金融服务。

吉林省建设银行支持城乡融合发展的实践做法

党的二十大报告提出，全面推进乡村振兴，要坚持农业农村优先发展，坚持城乡融合发展，畅通城乡要素流动。为进一步了解金融机构在城乡融合发展过程中的做法和经验，农研中心调研组于 2023 年 2 月 13～22 日赴吉林省长春市、吉林市、延边朝鲜族自治州开展实地调研，了解了建设银行吉林省分行在城乡融合发展中所采取的主要做法、存在困难和面临挑战，并提出了值得关注的问题和建议。

一、建设银行吉林省分行支持城乡融合发展的基本情况

吉林是农业大省。近年来，建设银行吉林省分行通过金融手段助力和服务地方经济社会发展目标，立足产粮大省特点，在乡村振兴、粮食安全、城乡一体化等领域积极采取行动，为促进吉林省乡村振兴、城乡融合发展做出了积极贡献。

截至 2022 年末，建设银行吉林省分行涉农信贷余额 348 亿元，较年初新增 21 亿元。家庭农场及农业专业大户贷款余额 5965 万元，共 324

户。民营林场贷款余额 6290 万元，共 19 户。农民专业合作社贷款余额 14826.7 万元，共 333 户。农业产业化龙头企业贷款余额 68.43 亿元，共 1320 户。为大中型国家级、省级农业产业化龙头企业贷款余额 62.27 亿元（国家级 34.75 亿元，省级 27.52 亿元），贷款户数 33 户（国家级 12 户，省级 21 户），当年累计发放贷款 51.78 亿元（国家级 34 亿元，省级 17.78 亿元）。其中，延边州建设银行 2022 年末农户贷款余额 8620 万元，全年实现净新增 5027 万元；2022 年末农户贷款户数 597 户，全年实现净新增 533 户。截至 2023 年 2 月 15 日，农户贷款余额 10506 万元，较年初净新增 1886 万元；农户贷款户数 734 户，较年初净新增 137 户。截至 2022 年底，延边朝鲜族自治州小额信贷累计贷款量 7079.4 万元、贷款余额户数达 1823 户，做到应贷尽贷，未发生逾期现象，全州 8 个县市均完成新增贷款量指标。

二、建设银行吉林省分行支持城乡融合发展的主要做法

近年来，建设银行吉林省分行承担起社会责任，立足人民对美好生活的向往，以平台化经营为手段，创新服务方式，开展产业链金融，拓宽抵押物范围，发挥科技优势，加强对基础设施和公共服务的支持，在促进吉林省城乡融合发展过程中发挥了积极作用。

（一）创新服务方式，将金融服务延伸到乡间地头

为了弥补网点下沉不足短板，建设银行吉林省分行创新工作方式，搭建多元化交流服务平台，探索金融供求双方对接机制。一是建立微信群，加强与村民交流。为了支持梅花鹿产业发展，建设银行在双阳县梅花鹿养殖集中的片区，每村建立微信工作群，邀请银行业务骨干入群，普及金融

知识和政策，开展业务对接，随时解答村民疑惑。二是与村（社区）"两委"、商户等合作，共建"裕农通"服务阵地，促进资金需求与金融资源更好对接。为了弥补建设银行在镇村网点不足的短板，其在全省打造10000余家"裕农通"服务点，为周边农村客户提供转账汇款、代理缴费、查询、消费结算、理财、保险、贵金属等金融服务及合作方非金融服务，并加强与公安、社保、交通等政务平台对接，将政务服务延伸到田间地头。三是与镇村开展"结对式"金融服务模式。结合省政府文明村、旅游村及示范村建设工程，量身定制综合金融服务方案，例如，在长春市鹿乡镇鹿乡村，围绕梅花鹿产业兴旺、村务治理优化、鹿产品产销一体化等方面，支持梅花鹿规模养殖，丰富服务内容。在获得"吉林省少数民族特色村寨""第六届全国文明村镇"等多项荣誉称号的图们市石岘镇河北村，其党员活动中心室同时也是建设银行金融服务网点。

（二）开展产业链金融，助力做大做强优势产业

一是做好粮食全产业链金融服务。围绕吉林省"千亿斤粮食"工程，建设银行吉林分行在粮食全产业链核心环节提供"融资+融智"金融服务，重点支持吉林新天龙、吉林梅花、吉林省农投等一批国家级、省级农业产业化龙头企业，满足企业经营周转、改建扩建等融资需求，截至2022年末，对规模化粮食加工、粮食收储企业贷款余额 32.25 亿元，年度累计投放 31.44 亿元；对粮食产业链核心企业上游供应商提供网络供应链融资余额 2.04 亿元。二是打造肉牛、梅花鹿等养殖产业链合作模式。围绕吉林省"秸秆变肉"工程，建设银行吉林省分行在对肉牛重点养殖地区、重点养殖企业、合作社、养殖大户进行深入市场调研基础上，创新优化肉牛活体抵押贷款产品，打造了"核心企业+上游养殖户"的皓月模式、"五位一体+裕农吉牛贷"的吉运模式、"农村集体经济组织+裕农快贷（集体抵质押版）"的通榆模式、"新型农业经营主体及农户+农担"的合作模式，助力做大做强肉牛产业。在"中国梅花鹿第一村"双阳镇鹿乡村，建设银行针对鹿的养殖开发专属产品，成立产业专班，给予每头

鹿 8000 元的信贷额度，且简化手续，在 App 上直接授信，2022 年对 200 多户农户贷款 3000 多万元，极大地支持了梅花鹿产业发展。

（三）拓宽抵押物范围，满足多元化主体的融资需求

一是创新推出肉牛活体抵押贷款产品。建设银行吉林省分行创新推出肉牛活体抵押贷款产品——"裕农吉牛贷"。产品面向吉林省内从事规模化、专业化肉牛养殖的企业、新型农业经营主体、个体工商户等各类生产经营客户，重点支持"政府搭台，企业引领，金融助力，保险兜底，养殖户参与"的"五位一体"的肉牛养殖，支持肉牛产业发展，带动产业链条上各类经营主体的增产创收。通过与保险公司、第三方专业科技机构合作，切实解决了肉牛活体抵押的疾病疫病、贷后监测问题，有效破解了肉牛养殖行业的融资难题。截至 2022 年底，已为 3 家肉牛养殖企业发放"裕农吉牛贷"2.26 亿元，支持企业增加养殖规模 1 万余头。二是开展"红本贷"。为拓宽农民融资渠道，进一步放活农村土地承包经营权，建设银行吉林分行深化银政合作，从源头上获取吉林省农业农村厅推送的全省 330 万户农户土地确权数据，与省农业农村厅独家合作搭建土地流转平台及农业生产托管平台，联合下发《关于应用建设银行农村土地经营权流转管理系统开展贷款的通知》，将农村土地经营权作为授信基础，为涉农小微企业、新型农业经营主体、农村集体经济组织及农户等涉农主体提供"裕农快贷"等信贷融资产品，以信贷资金引导、支持土地经营权有序流转。

（四）发挥科技优势，探索数字普惠金融服务模式

一是搭建三资管理、肉牛交易综合服务等平台。建设银行吉林省分行在全省 10 个县域搭建三资管理平台，助力农村集体资产实现财务管理制度化、规范化、信息化。同时，把握农村集体经济组织赋码工作契机，为农村集体组织提供支付结算、现金管理、资金监管等配套金融服务，并搭建智慧村务综合服务平台，提升基层政府治理能力。以肉牛全产业链信息化管理为基础,搭建肉牛交易综合服务平台,用数字金融打造出乡村振兴特色产业的智慧新模式,已吸引省内 240 余户养殖大户及养殖企业入驻。二是推进农村信用评价体系建设。通过农地确权数据、土地流转平台及农业生产托管平台,构建精准画像校验系统,并依托总行新一代架构,在微信小程序开发上线了农户评价功能,为各行政村有权评价人提供线上快捷的评价渠道。通过村委有权评价人,批量验证农户种养殖种类、面积、收成、是否涉及黄赌毒行为等关键信息,补充农户画像维度,实现一机在手,一键评价,实时生效,有序推进农村信用评价体系建设。三是加强与其他平台互通互联。一方面,将土地流转平台、农业生产托管平台等涉农信贷平台引流至"裕农通"App,提升签约农户、"乡村振兴—裕农通"借记卡发卡、手机银行签约数量等,做实综合营销;另一方面,将金税 e 保引流至"裕农通"App,实现金税 e 保缴费客户与"裕农通"签约农户相互验证,加强客户选择,强化风险管控,形成"1+1>2"的聚合效应,增强"裕农通"价值贡献度。

(五) 加强对基础设施和公共服务的支持

一是为产业园区建设和重大项目落地提供全方位、高效率保障服务。在长春新区专业化产业园区以及园区配套设施建设上,建设银行积极响应,最终承贷份额 8 亿元,承贷份额 5.7%。二是支持盐碱地等耕地后备资源综合利用项目。建设银行吉林省分行与省自然资源厅、松原前郭县政府多次探讨业务逻辑性,制订融资方案。运用总行创新的"高标准农田贷款",支持社会资本方作为实施主体、建成高标准农田标准的盐碱地改造、土地综合整治项目。通过锁定社会资本方与政府签订协议约定的奖补资金,保证贷款还款来源可靠。三是支持幸福产业发展。截至 2022 年末,幸福产业(文化产业、旅游产业、体育产业、教育产业、健康产业、养老产业)贷款余额 98.70 亿元,贷款户数 1613 户,当年累计发放贷款51.46 亿元。县域医院客户贷款余额 8.5255 亿元,贷款客户 20 户,比年初增长 1.19 亿元。四是加强公租房保障。近年来,建设银行吉林省分行针对低保、低收入群体中的重残、重疾人员，不断完善公租房信息管理系统，建设银行网点还为公租房保障对象开户和签约业务开通了绿色通道，并将代扣事项解释得清清楚楚，住户既省心又省力。例如，白城市住建局房屋交易中心可定期通过公租房系统完成租金实时扣收和租赁补贴发放，截至 2022 年 8 月末，白城市住建局房屋交易中心本年度累计完成租赁补贴发放 7748 笔，发放补贴资金 435 万元。

三、金融机构支持城乡融合发展中面临的问题

2020~2022 年，吉林省城乡融合发展进程受疫情影响较大，局部地区出现经济持续下滑态势，金融机构在城镇化与乡村振兴推进过程中面临机遇与挑战并存的局面。建设银行立足自身优势，履行国有大行责任与担当，在乡村振兴领域积极开展和开拓业务，成为支持乡村振兴的重要金融力量。从对吉林省部分地区的调研情况来看，金融支持城乡融合仍然面临不少问题，值得深入思考与关注。

（一）城乡融合进程中的金融支持定位不清晰

城乡融合是一个历史的、动态的、分阶段过程，在城乡关系发展的不同阶段，城镇化和乡村发展的重点各不相同，相应的金融支持重点领域与支持方式也具有典型的时代特征。金融作为一种资源和要素，在城乡融合进程中不应只是被动地适应城乡关系演变，而应在城乡关系演变过程中主动发挥自身功能和作用，推动城乡关系向着更加顺畅、更为和谐、更高质量的方向发展。从调研情况来看，银行业金融机构内业务条线的定位和分工较为明确，但乡村业务和城镇业务较为独立，城乡业务之间的连接度较低。从推动城乡融合发展角度来看，金融机构自身的定位和作用还不清晰，服务城乡融合的战略架构及业务体系还没有建立。在调研中，银行业

务部门相关同志也表示，很多金融项目的推进都是遵循总行的顶层设计安排，分行自身的创新性和特色性不足；相应地，很多项目的落地与当地城乡融合发展的契合度不高。

（二）城乡融合进程中的金融服务体系有待健全

立足现实需求，当前我国服务城乡发展的多层次、多维度的金融支撑体系已经形成，但各类型金融机构之间的协调配合能力有待加强，金融机构供给服务与城镇、乡村需求的适配性有待提升，金融同业无序竞争等问题仍然较为严重。从调研情况来看，以建设银行为例，为响应国家号召建设银行设立了乡村振兴金融部门，但由于业务开展时间较短，机构网点规模与业务发展能力相较于长期深耕农村的农商银行、农业银行、村镇银行等同业相比，基础还较为薄弱，有些地区受地方保护主义限制，开拓业务举步维艰，亟待从顶层设计层面理顺金融支撑城乡融合的体系和结构，对不同类型金融机构的业务进行科学定位，避免低水平重复竞争，造成资源浪费。

（三）城乡融合进程中金融支撑基础有待进一步加强

随着信息化手段的普及与应用，金融与科技的融合日益加深，越来越多的金融科技赋能现代金融服务，使得金融服务城乡融合的领域和边界均有所拓展。然而，银行业金融机构开展信贷业务的底层核心是数据，从调研情况来看，各类金融机构都将数字资源的获取和开发作为现代金融业务的重要战略方向和投入领域，但实际情况是，数据资源获取的成本巨大、获取途径不规范且准确性不高。通过调研了解到，在开展农村金融业务过程中，由于政府部门的土地确权数据不准确，名字对不上、数据和实际相差较大等情况较多，严重阻碍了金融机构城乡相关业务的拓展和深入。此外，各金融机构各自为战，数据的统计口径、获取方式、维护模式等各不相同，缺乏统一协调，且受利益关系制约，各机构间难以形成数据共享、资源互通的良好局面，客观上又造成社会资源的极大浪费。同时，对建设银行而言，随着二轮土地承包期限的临近，银行对经营权授信额度逐年降低，单位授信额度的大幅度下降造成贷款额度已无法满足规模经营主体的用资需求，规模经营主体大多开始选择其他贷款产品。例如，延边朝鲜族自治州从每公顷可发放贷款 2 万元到每公顷最高可发放贷款 8000 元，降幅达 60%。

（四）逆城镇化地区的金融支持逻辑有待调整

从近些年的人口流动数据来看，整个东北地区属于我国的人口净流出地。从实地调研来看，当前吉林、黑龙江等省份有些地区由于人口净流出，经济体量和城镇人口数量已经减少到阈值，出现了"撤街设镇"的回调，这种行政建制上的变动突出反映了当地城镇化进程的现状。不难理解，有人口净流入的城镇化，也必然有人口净流出的逆城镇化。从财政供养逻辑来看，"撤街设镇"也意味着城市的扩张将出现缓行或停止，城市基础设施和产业投资将出现收缩，公职人员数量将减少，从而减少城市发展方向的财政开支，城建方面的金融需求也会随之减少。但"撤街设镇"之后，乡镇作为一级政府（街道属派出机构），自主决策的权限更大，重点将更加关注乡村发展和居民福祉，此时的金融支持也要随之进行调整，以适应不同地区城镇化发展的市场需求。

四、相关建议

从长期来看，城乡融合发展离不开金融力量的支持，但是具体如何支持、支持什么、怎么支持，需要结合各地城乡融合发展的不同阶段和特点因地施策。基于实地调研，现提出以下几点建议：

（一）金融支持城乡融合，需进一步提高县域金融的推进力度

县（市）域是我国经济结构的基本单元，是城乡融合的重点领域。建设银行应结合自身优势，把县域金融作为服务城乡融合的重点领域和发展方向，重点在促进新市民有序融入城镇化进程、服务和培育县（市）域特色优势产业、完善县（市）市政设施体系、强化县（市）公共服务供给、加强历史文化和生态保护、提高县城辐射带动乡村能力、促进县乡村功能衔接互补等多领域开展金融服务、创新金融产品。同时，要强化县域特色场景拓展，围绕县域政府、企业、个人及涉农产业，创新县域智慧政务、教育、医疗等各类场景金融服务。充分运用大数据、云计算等新一代信息技术，优化风险定价和管控模型，有效整合涉农主体信用信息，提高客户识别和信贷投放能力，减少对抵押担保的依赖。

（二）金融支持城乡融合，需建立健全与城乡发展实际相契合的现代金融支撑体系

一是金融体系自身的完善与发展，通过金融手段促进要素（特别是资金）在城乡之间合理流动。二是金融要增加与城镇、乡村产业的适配度，提供符合产业发展要求的金融产品。要进一步提高各地金融机构的自主性和创新性，根据各省份自身优势产业布局，推动特色产业金融集聚地的形成，制定多层次、多类型、适宜度高的金融产品体系。三是完善与城乡融合金融相匹配的制度体系，使金融体系更好地发挥作用。例如，对吉林省而言，建议在做好农业信贷担保贷款的基础上，加强同金融部门、银行和保险等机构的协调，鼓励银行、保险等部门针对农业农村的特点，制定出更多的贷款产品，解决广大农民群众资金难题。同时，要更加注重产业政策、财政政策与金融政策的相互衔接，不断深化经济体制改革。四是推进金融供给侧结构性改革，推动金融改革与城乡融合发展改革、农业农村改革相协调，起到相互促进作用。建议结合市场化需求，把银行的运营产品与平台进行嵌入，将农业管理与金融体系相结

合，形成系统性设计体系。

（三）金融支持城乡融合，应建立统一的数据平台

建议从省级层面建立统一的数据管理平台与管理体系，由政府作为数据的管理单位，整合现有各部门基础数据，建立健全数据管理制度和运维机制，确保数据的权威性、真实性、可得性。经费筹措上，可采取数据联盟的方式，由数据需求机构作为联盟出资方，共同承担数据的搜集、整理、维护、运营等相关费用，同时建立健全法律法规制度，保障个人隐私与数据安全。

（四）金融支持城乡融合，需着力加强对逆城镇化地区的重点支持

对东北等逆城镇化较为严重的地区，金融机构要密切关注城镇化发展动态，及时调整金融支持方向，将更多金融资源投入到乡村振兴领域，支持乡村特色优势产业和乡村建设，支持新型农业经营主体开展农业适度规模经营。推动特色小镇和特色小城镇建设，支持政府搭建产业园区平台，为实现乡村全面振兴提供全方位的金融服务与支撑。

江西省农业银行支持城乡融合发展的实践做法

一、农业银行江西省分行支持城乡融合发展的现状

（一）江西省城乡融合发展现状

江西省位于长江中下游南岸，面积 16.69 万平方公里，地形概貌素有"六山一水二分田，一分道路和庄园"的说法，农业农村资源十分丰富，素有"鱼米之乡"的美誉，是自 1949 年以来从没有间断输出商品粮的省份之一，是东南沿海地区农产品供应地。

1. 农业资源丰富，产业门类齐全

江西省农业特色鲜明，赣南脐橙、南丰蜜桔、绿茶、广昌白莲、泰和乌鸡、鄱阳湖大闸蟹等名闻遐迩。全省初步形成了大米、生猪、蔬菜、水果、水产、水禽、茶叶、中药材等主导产业，粮食、畜牧、水产、果蔬产业产值突破千亿元，茶叶、中药材、油茶突破百亿元。截至 2023 年末，创建了 10 个国家级现代农业产业园、58 个省级现代农业产业园，打造国

家级农业产业集群 4 个，创建国家级农业产业强镇 39 个。

2. 区位优势明显，市场贡献较大

江西省在全国属于重要水稻产区，其稻谷产量排名全国前列，以占全国 2.3% 的耕地面积生产了 3.25% 的粮食；江西也是柑橘优势产区，其产量排全国前五位（其中赣南脐橙种植面积居全球首位、产量居世界第三位）；年均外调粮食量达百亿斤、水果和水产品达上百万吨。在全省陆续形成了水稻、水禽、渔业、蔬菜、果业、茶叶等众多生产基地。

3. 乡村广袤秀美，发展基础扎实

江西省顺利完成了农村人居环境整治三年行动，90% 以上村庄生活垃圾、污水得到有效治理，创建了 19 个美丽宜居示范县，打造了 248 条美丽宜居示范带。在经营主体方面，培育省级龙头企业 963 家，国家级 52 家、农民合作社 7.39 万家、高素质农民 18.7 万人、纳入名录系统管理的家庭农场 9 万余家。

江西作为传统农业大省，"三农"县域经济在全省经济中占有重要的地位。2023 年，全省县域经济总量占全省经济总量的 60%。江西城乡融合发展工作还面临不少问题和挑战，主要表现在：全省发展不平衡不充分问题在乡村表现得尤为突出，特别是全省农业产业化水平不高，农业供给质量亟待提高；农村基础设施和公共服务相对滞后，城乡融合发展的机制亟待健全；农民收入总体不高，持续稳定增收的长效机制亟待建立；农村集体经济薄弱，农村资产、资源、资金大多处于沉睡状态，深化农村改革的红利亟待释放；农村基层基础存在薄弱环节，乡村治理体系和治理能力亟待强化。为此，《江西省关于建立健全城乡融合发展体制机制和政策体系的实施意见》等一系列奋斗目标和工作措施提出，为全省推进城乡融合发展提供强有力的制度支撑。

（二）农业银行江西省分行支持城乡融合发展情况

近年来，农业银行江西省分行认真贯彻落实中央和总行党委决策部署，"三农"县域业务实现了健康有效发展。主要表现在：

1. 县域存贷主体业务持续增长

截至 2023 年末，全行县域存款、县域贷款余额分别达 3624.17 亿元、2603.45 亿元，年增量分别为 545.86 亿元、365.69 亿元，增幅分别为 17.73%、16.34%，高于全行存款、贷款增速 0.70 个、2.89 个百分点。涉农贷款余额占全行贷款的 39.9%，比年初提升 0.43 个百分点；县域个贷余额占全行个贷的 64.30%，比年初提升 2.45 个百分点。全行省级帮扶县贷款增速 16.77%，高于全行 3.32 个百分点，达到省内监管要求。

2. 乡村振兴重点领域投入持续加大

截至 2023 年末，农业银行涉农贷款余额 1812.90 亿元，较年初净增 232 亿元，增速为 14.68%，完成计划的 107.41%。其中，普惠型涉农贷款余额为 455.72 亿元，较年初净增 83.88 亿元，完成计划的 209.70%，增速为 22.56%，高于全行贷款增速 9.11 个百分点。粮食安全、农业、乡村产业、乡村建设贷款分别净增 32.95 亿元、85.11 亿元、172.08 亿元、76.63 亿元，增速分别为 58.41%、29.41%、35.46%、26.65%，均明显高于本行全辖和县域贷款增速。

3. 巩固拓展脱贫攻坚成果服务全力推进

截至 2023 年末，25 个省级乡村振兴重点帮扶县支行贷款余额 874.20 亿元，净增 125.53 亿元，增速为 16.77%，高于全行 3.32 个百分点。有效建档行政村 1.63 万个，建设惠农通服务点 2188 个，服务点乡镇覆盖率、活跃度均达 100%。直接购买、帮助销售脱贫地区农产品分别为 623.95 万元、8464.61 万元。

4. 县域数字化转型工作取得积极成效

截至 2023 年末，实现 91 家县区级残联、3101 家村两委订购 "e 推客" 场景，推荐农户 2.11 万户，授信 3745 户、金额 9.61 亿元。在 "信用村" 平台完成 546 个信用村评定，上线场景的信用村数量居中国农业银行首位。成功在高安瑞州街道办上线 "村组财付通" 系统。实现智慧畜牧贷、智慧合作社 "零的突破"。新增开立 383 个村级组织账户，账户覆盖率较年初提升 2.37%，累计代发惠民惠农 "一卡通" 财政补贴资金

22.88 亿元，较年初净增 17.66 亿元。

5. 领军银行品牌影响力不断提升

连续四年在服务乡村振兴监管考核中获评"优秀"。"智慧畜牧贷"获金融创新贡献奖、获省财政厅 2023 年度金融业发展专项资金奖励。"农业龙头贷"获评省人民银行金融服务实体经济优秀创新金融产品。2023 年有 4 家二级分行、1 家一级支行被评为省级"万企兴万村"先进典型金融机构。

上述成效的取得和优势的积累，为农业银行江西省分行做好新时期乡村振兴服务工作奠定了良好的基础，其在助推城乡融合发展各大领域采取的一系列行之有效的经验做法，具有一定的借鉴意义。

（三）农业银行江西省分行支持城乡融合发展典型模式

1. 精准滴灌服务"万企兴万村"

万载县农业人口多，如何加快产业发展，解决农村留守妇女的就业是乡村振兴过程中的现实问题。万载靠近湖南的几个乡镇有传统的花炮产业支撑，劳动力就业便利；而县城周边乡镇产业发展不足，劳动力就业不太好。江西瑛维箱包有限公司是一家从事包装袋出口业务的劳动密集型企业。该公司成立后，在当地政府和农业银行的扶持下迅速成长，在全县 17 个乡镇陆续建起 49 个帮扶车间，发展到员工 4000 多名（含脱贫户村民 120 多人），年产值上亿元。农业银行宜春分行充分结合当地特色产业优势，持续加大金融支持力度，推动巩固拓展脱贫攻坚成果同乡村振兴有效衔接，精准滴灌服务"万企兴万村"。

2. 支持"渔光互补"助力生态振兴

"渔光互补"是将太阳能发电与水产养殖有机结合，充分利用光伏板下水域进行鱼虾养殖，光伏板遮挡可以抑制水面藻类繁殖，提升水质，合理利用当地的水域资源，不必占用额外农业及工业用地。在节约土地资源的同时，既开发了新能源，又促进了养殖业良性发展，具有明显的社会效益、经济效益和环境效益。隶属中国长江三峡集团有限公司的三峡新能源万安发电有限公司，在万安县韶口乡实施的"100MW万安渔光互补项目"，就是典型的"渔光互补"项目，总投资3.94亿元。农业银行吉安分行在得知"100MW万安渔光互补项目"信息后，省、市、县三级行联动，第一时间对接三峡集团总部，在原有合作基础上更进一步加深合作，共同支持当地经济发展，成为该项目唯一合作银行，审批贷款2.96亿元，并签订了贷款合同。农业银行通过金融服务支持重点项目的发展，在秀美乡村建设的过程中不断贡献力量。

3. "公德银行"贷出新风尚

2019年10月，东山村在武宁县先行先试，争取到农业银行江西省分行把其作为全省首个推行"惠农e贷"的行政村，村"两委"手握贷出的信贷基金，在全村试行"公德贷"，加大对村民公德养成的"刺激"力度。村委会依据村民公德积分评定其信用等级，制定相应的贷款额度，80~85分可以获得10万元贷款授信额度，85~90分可以获得15万~20万元贷款授信额度，90分以上可以获得25万~30万元贷款授信额度。截至2021年3月，该村累计发放"公德贷"1400余万元，受益农户65户，村里农家乐、蔬菜大棚基地、苗圃种植等多个产业已经形成。东山村农户贷款的快速发放，得益于农业银行九江分行与东山村联合建立"公德银行"，创新地将公德积分有机地兑换信贷资金支持，完善评估体系。

4. 助力生态提升实现治理有效

支持沿河路网建设做好护水文章。江西省吉安市安福县平都镇罗家村被泸水河分隔成了南北两面。以前，村民从南面到北面很困难，要渡船才能过来，而且环境恶劣，到处是各类废弃垃圾。为落实国家乡村振兴战略，改善泸水河沿线环境污染，生态系统退化的状况，实现乡村"生态宜居、治理有效"，安福县委、县政府规划建设了泸水河生态旅游片区，总投资11.86亿元。安福县泸水河生态旅游片区项目，通过建设泸水河沿河路网工程，以及对周边生态进行修复，建设两岸景观带，实现周边环境的美化、亮化，改善人居环境，提升附近村民的生活质量。农业银行江西吉安分行积极践行乡村振兴战略，主动对接当地政府，获取该项目信息后，第一时间与项目方取得联系，通过现场调查，收集资料，快速为该项目审批贷款8.39亿元。通过安福县泸水河生态旅游片区项目建设，把原来的煤矿废墟，建设成为矿坑景区，对沿线景观进行提质，极大地提升沿线村镇面貌，改善群众生活环境，提高群众满意度。

5. 支持稻鳖养殖造福一方百姓

抚州南丰县付坊乡是典型的山区农业乡。近年来，该县依托当地特色资源禀赋，大力发展"龟鳖养殖"产业。南丰县丰野甲鱼生态养殖专业合作社，是南丰县第一家引进、开发、探索稻鳖养殖综合种养技术生态商品养殖企业，长期聘请周边农户务工，带动100多户农户从事稻鳖养殖。2020年，该合作社想要扩大生产规模，多招一些周边农户，需要增加流动资金贷款，但迫于稻鳖养殖是新产业，各家银行都很谨慎。当地农业银行在实地调研后，迅速审批发放160万元贷款，带动该合作社进一步扩大了生产。在助力乡村振兴的过程中，大力支持和发展现代农业，要实现农业现代化，科技创新是最核心的抓手。农业银行抚州支行紧紧围绕粮食安全、幸福产业、乡村产业和乡村建设等重点领域扎实做好富民文章，带领农民增收致富。

二、金融支持江西省城乡融合发展面临的主要问题

（一）农业抗险能力不强，导致金融支持"慎之又慎"

1. 农业具有天然弱质性

当前，新型农业经营主体整体存在个体规模偏小，农产品种养和加工层次不高、附加值低，抗风险能力低的问题。截至2023年末，江西省完成培训的农民合作社已达7.86万家、家庭农场达9.2万家，其经营范围

内，60％为种植业，10％为养殖业，30％为种养结合。大部分家庭农场及专业合作社只注重扩张种养规模，对产品品质提升重视不够，产品仍集中于粗加工，产业链延伸不足。

2. 农业风险保障难

农业保险由于农民普遍缺乏风险意识、认定补偿范围难度大等因素制约，其运用并不广泛、作用发挥不明显。尤其是当前灾害损失补偿水平严重不足，风险化解覆盖广度不够，导致农户参保意愿不高，如遇自然灾害等不确定性因素，就容易形成不良贷款风险。

（二）金融服务体系不全，导致金融支持"力不从心"

1. 金融机构组织体系仍然存在"短板"

当前，县域"三农"领域的资金供应方主要是农业银行、农商银行、邮储银行等银行金融机构。农业发展银行及其他商业银行限于网点及信贷管理和经营模式的制约，村镇银行、小额贷款公司等限于规模因素，农村地区服务乡村振兴战略力量仍然较为薄弱。

2. 农村金融服务覆盖面有拓展空间

虽然江西省基本实现了银行营业网点在全辖乡镇的全覆盖，但金融服务基础设施主要集中在城镇。

（三）金融产品创新不足，导致金融支持"停滞不前"

1. 金融机构产品创新力度不够

前期，各金融机构对乡村振兴服务工作的认识、分析和部署研究深度不足，在金融服务模式以及产品方面的创新相对滞后，针对专业大户以及家庭农场相应的信贷支持主要集中于农户自然人，从专业合作社的相关信贷支持情况来看，普遍是向其社员直接放款，大部分机构未能制定个性化和差异化的服务方案和举措，金融支持的成效明显不足。

2. 贷款额度和期限难以满足新型农业经营主体多样化需求

现阶段银行的农户贷款投放普遍以一年以内的短期贷款为主，贷款金额通常在单户 5 万~10 万元，以规模在 50 亩上下的家庭农场为例，其授信额度一般不高于 10 万元，严格的授信额度限制使新型经营主体在发展生产过程中普遍面临资金不足问题。贷款期限与产业发展周期难以有效匹配，将对新型农业经营主体的可持续发展造成影响。

（四）金融生态环境不佳，导致金融支持"心有余悸"

1. 担保不健全

江西省融资性担保机构运作质效较低，银行和客户普遍反映担保门槛较高，担保机构对银行贷款只负担 80% 的责任，并要求农户提供 100% 的反担保，担保户数少、担保金额小。

2. 贷款追偿难

银行对涉农逾期贷款普遍存在追偿难现象，往往是"赢了官司输了钱"。以中国银行井冈山支行发放的首笔涉农帮扶贷款为例，中国银行向当地法院提起诉讼并胜诉，但至今尚未收回该项贷款，该行上级部门中止了其开办农户贷款的权限。在金融生态环境不理想的背景下，银行"胜诉易、执结难"现象依然存在，影响了涉农贷款扩大投入。

三、农业银行江西省分行支持江西省城乡融合发展的对策建议

为做好新形势下江西省乡村振兴建设工作，农业银行江西省分行立足江西省情，抓住乡村产业和建设重点，针对存在的问题，不断总结成功经验，从战略、管理、业务和执行四个层面，统一思想，提高支持城乡融合发展的科学性，提升市场竞争应变能力，紧盯规划打造农业银行助力富赣兴农的"江西样板"。

（一）战略层面：聚焦"两个明确"，全行上下统一思想和行动，树牢精准支持城乡融合发展的"风向标"

1. 明确全行"三农"县域业务的重要战略定位

服务"三农"既是党中央赋予农业银行的历史使命和政治责任，也是农业银行的传统优势、立行之本。经过多年的探索，农业银行积累了丰富的"三农"金融服务经验、客户群体，锻炼了一支专业的服务"三农"员工队伍，这是其他同业无可比拟的优势。近年来，江西省银行同业加快县域布局，县域市场竞争日趋激烈，面对当前经营形势，必须进一步提高政治站位，始终秉承服务"三农"定位，将助力乡村振兴作为抓手，全方位打造县域金融服务领军银行。

2. 明确打造乡村振兴领军银行的战略目标

按照打造服务乡村振兴领军银行的战略目标，结合江西省情行情，农业银行江西省分行必须以"三农主力行"谋划未来发展战略定位，旗帜鲜明地将打造"服务乡村振兴领军银行"作为第一要务。密切关注国家乡村振兴相关政策和总行信贷政策导向，吃透政策内涵，聚焦粮食安全、乡村产业发展、乡村建设行动、农村产权改革等重点领域，细化信贷支持和金融服务措施。加快县域重大项目的办贷效率，充分利用好高层团队营销、信贷平行作业、绿色通道等现有制度安排，争取在同业竞争中快人一步，抢占先机。加强与政府的沟通，了解隐性债务化解方案，推动县域政府隐性债务置换业务的落地，尽可能争取到更多的项目资源。

（二）管理层面：注重"三个优化"，提高支持城乡融合发展的科学性，夯实县域"三农"业务稳健发展"基本盘"

1. 优化机制打造县域支行竞争优势

持续提升县支行竞争力，不断扩大市场份额，继续深入开展县域专项营销活动，确保农业银行在县域市场中占据应有的地位，当仁不让做领军银行。推动县域支行机构改革真正落地，充实前台营销人员，优化县域支行营销体系和业务流程。强化县支行营销职能建设，完善营销人员考核奖惩办法。针对县支行当地资源禀赋、核心市场、核心客群、核心产品、核心渠道，完善细化考核办法，引导支行、网点集中有限资源，瞄准核心市场、目标客户，强优势、补短板，打好营销攻坚战，打造核心竞争力。对不同类别的县支行和服务"三农"示范标杆网点，穿透式实施差异化支持政策，配备专项资源。

2. 优化队伍建设机制壮大服务力量

一是加强县支行领导班子团队建设。通过对县支行班子全面考察，了解班子团结协作、专业能力、领导力、执行力情况，既要找准班子存在的问题，也要发现能者英才，更要识别庸者劣才。二是加强县支行客户部门、网点负责人和客户经理队伍建设。参照支行班子考察，对现任客户部门及网点负责人也要进行一次全方位的考核考察，听取员工的真实评价，对不适合继续担任负责人的要统一调整。也可以通过公开招标或选聘方式择优选拔网点负责人，实行任期目标考核。对存量农户客户经理，也要进行考核测评，对不担当作为的，要进行调整。三是要加强县域人才培养。对县支行行长要强化服务乡村振兴的专题培训，找准县支行的发力点；对网点负责人、客户经理要进行全面封闭轮训、通关考核，实行达标上岗，全面提升数字化工具应用、客户关系管理与营销、财富管理、业务联动和数据分析与挖掘"五大能力"。

3. 优化完善信用风险管控模式

一是选准户。坚持"五不贷"，吃喝嫖赌的不贷、好吃懒做的不贷、坑蒙拐骗的不贷、涉黑涉恶的不贷、无生产经营能力和3年以上经营经验的不贷，确保贷款"四真"（真人、真生产、真需求、真担保）。二是看住钱。要实现贷款资金的闭环运行管理，运用信息技术搭建资金监控追溯的系统，管控贷款资金用途和流向，确保贷款资金按照贷款调查评估的用途投入到农业生产经营的各个环节，不被挪作他用、归集他人或集中大额取现。三是管好人。从严治贷必先管人，开展县域网点负责人和客户经理的整风，坚决清除队伍中那些造成大额损失、恶意违规违纪和思想人品不端的害群之马，补充选拔一批优秀的大学生和青年英才充实客户经理队伍，并发挥党员在从严管贷治贷中的模范带头作用。

（三）业务层面：突出"两个强化"，提升市场竞争的应变能力，绘制高质量服务乡村振兴的"施工图"

1. 强化金融服务创新

一是持续推出"三农"专属产品。按年制订"三农"产品创新计划，积极开展绿色和普惠金融产品创新，明确重点产品推广目标，力争粮食安全、现代种业、乡村产业、乡村建设等每个领域都有产品或信贷政策对接，打造一批服务乡村振兴拳头产品。二是拓宽涉农抵质押方式。将农机具、农用车、农副产品、林地使用权和林木所有权、农村土地经营权、依法入市的集体建设用地使用权等纳入"'三农'特色押品"目录，开展抵质押担保业务。根据江西省特色产业需求，对活体畜禽、圈舍、养殖设施等其他抵质押产品，创新押品评估、贷后监管方式，积极开展创新试点。三是不断强化金融科技创新的运用。加强涉农数据内外部整合与挖掘，推出更多涉农线上贷款产品。持续完善智慧乡村综合服务平台，尽快实现农村集体"三资"管理上"云"迁移，加快上线智慧农业、农村电商等场景。

2. 强化营销支持力度

一是强化网点阵地营销。进一步优化网点布局和分类，乡镇网点单列一类，分类配置人力资源，分类开展网点竞争力评价。二是强化公私联动营销。把握乡村振兴的机遇，以重大项目和源头项目为重点，加强县域新能源、抽水蓄能、公共基础设施、产业园区建设项目营销，加强惠民惠农财政补贴资金项目营销，实现批量获客。三是强化深耕乡村营销。要紧紧围绕"深耕乡村"这一主题，持续深入开展以农户信息建档为载体综合营销活动，多形式广泛宣传"送金融进村、帮老乡致富、助乡村振兴"的宗旨，使村"两委"认同、村民认可，做深做实做透"深耕乡村"拓户工作。四是强化数字化营销。要充分发挥大数据作用，依托"三资"

管理、"数字乡村"服务平台和"掌银发展工程2.0"，加大数字渠道的普及推广，利用平台渠道以及数字化工具服务营销现代职业农民和外出务工群体。

（四）执行层面：做到"三个紧盯"，立足省情农情和规划蓝图，打造金融助力富赣兴农的"江西样板"

1. 紧盯服务巩固脱贫攻坚成果

一是做好规划衔接。构建城乡融合、区域一体的规划体系。二是落实产业衔接。把产业帮扶摆在重要位置，助力欠发达地区打造优势产业体系。发挥系统内联合贷款优势，运用银团贷款等业务产品，向欠发达地区倾斜信贷资源，推动城市反哺农村。三是落实项目衔接。围绕农民增收、易地搬迁后续扶持项目等，做好脱贫攻坚与乡村振兴的有效衔接。

2. 紧盯服务乡村产业和建设

一是服务好"链长制"。把握江西省实行"链长制"机遇，以"链捷贷"为主打产品，加大对乡村产业产、供、销全产业链上下游中小客户信贷服务力度。适当放宽对省级及以上农业产业化龙头企业的准入条件，使其能比照一级分行核心客户，配套使用"保理e融""链接贷"等业务产品。二是服务好特色产业集群。优选县域特色产业集群，实施"一项目一方案一授权"，给予整体授信额度，圈定具体授信白名单客户，批量化服务产业集群客户。三是支持美丽乡村建设。对农村生活垃圾收运以及污水处理等领域强化扶持，进一步助力提升农村人居环境整治水平。四是支持乡村基础设施建设。全力支持农村公路建设、风电等清洁能源建设工程实施，推动5G、智慧农业等领域建设。

3. 紧盯做实乡村服务场景建设

一是推进"惠农e贷"扩面上量。认真做好"三个一批"，即"利用特色产业服务方案，对村委干部致富带头人等农村能人、农业中的特色产业、县域城郊中的沿街商户等客户，批量准入一批；发挥农业银行贷款利率优势和"惠农e贷"便捷性，瞄准他行优质客户，抢挖置换一批；加快农户信息建档白名单生成上报工作，快速审批一批。二是加大场景建设力度。围绕品牌统建，实施双向嵌入，实施"引进来、走出去"双轮驱动，将县域政务高频事项引进掌银，将农业银行金融功能输出到政务平台。做好"三农"大数据引入和应用，创新推出适应乡村产业发展、乡村建设需求、农民生活场景变化的金融产品。同时，加大掌银乡村版的推广力度，将掌银乡村版打造为服务县域农村客户的新抓手、营销客户的新利器。

【案例篇】

多维度创新探索　蹚出一条城乡融合示范路

——浙江省嘉兴市秀洲区实践做法

　　秀洲区是中国革命红船起航地——嘉兴市的主城区之一，也是嘉湖国家城乡融合发展试验区的主要区域之一。近年来，秀洲区以国家城乡融合发展试验区建设试点为契机，以促进高质量发展和共同富裕为目标，开启了城乡融合高质量推进阶段。通过全域土地综合整治，建设了火炬村、沈家桥、陈家坝等一批以搬迁农户为主体的城乡融合社区。

一、全域土地整治，推动城乡空间融合

　　高质量推进全域土地综合整治与生态修复工作，是重塑新型城乡关系、推进乡村振兴和高质量发展、建设共同富裕示范区的重要抓手。2020年秀洲区新塍镇全域土地综合整治试点项目列入国家级全域土地综合整治试点，项目区总面积12万亩，涉及15个行政村，搬迁农户3300户，建设用地复垦3500亩，垦造耕地4000亩。一是优化国土空间。依据国土空间规划确定的功能分区，统筹安排村庄整治、农田整治、生态修复等子项目。在充分尊重农民意愿的前提下，秀洲区引导农

民退出宅基地搬迁集聚至新社区，保障农民合法权益的同时，充分利用节余增减挂钩指标保障城镇发展，激活土地利用新动能。其中，火炬村是率先通过全域土地综合整治的村庄。据了解，该村98.60%的农户自愿退出宅基地，户均住房用地从1.1亩减至0.35亩，片区耕地从1.98万亩增至连片的2.37万亩，人均耕地从1.87亩增至2.65亩。二是推进耕地"三位一体"保护。通过耕地"非农化""非粮化"整治和碎片化治理，建成"田成方、林成网、渠相通、路相连、旱能灌、涝能排"的高标准农田，满足田间管理和农业机械化、规模化生产需要，提升区域生物多样性水平和生态服务能力。通过全域土地整治，一方面，加快了田园新城市、特色新城镇和未来新社区建设，提升了城市发展能级，促进了城镇化的进程。另一方面，改善了村民居住环境和村容村貌，推动了美丽乡村建设，带动了农村宅基地的改革，有效促进农地集中连片、耕地质量等级提升以及高标准农田建设，为农业转型升级提供了重要支撑。

二、实施土地承包经营权股份制改革，促进城乡要素流动

为了进一步提高农村资源利用效率，秀洲区在火炬村率先开展土地承包经营权股份制改革试点，建立土地股份合作社，按"定量不定位"方式重新确定承包面积，将整治后的新增耕地量化到户，并明确股权，将承包经营权证换成股权证，并实行"保底+分红"分配。在此基础上，实施标准地改革，建成农业"标准地"3800余亩。在此基础上，积极推进农业集约化经营，实现稻米种业、种植、加工、销售全产业链社会化服务，种、管、收、烘全过程机械化，工作效率提升5倍，亩均增产200斤。此外，秀洲区充分借助当地优美的自然景观，构建农业科普、农耕文化展

示、农事体验等板块，全面提升景观风貌，成功创建嘉兴市首批美丽田园示范区。

三、打造搬迁集聚新社区，探索城乡融合新型治理机制

随着土地整治项目的不断推进，搬迁户集聚社区的后续管理问题成为重点。搬迁户集聚小区兼具城郊结合社区和融合型大社区的特征，治理难题多、治理难度大。因此，针对农田管理、乡村产业发展、农民管理服务、转移农民市民化等一系列普遍与共性问题，秀洲区探索形成兼具城市和乡村社区的形态、功能、优点的城乡融合社区建设模式，对城乡融合促进共同富裕基本单元建设实践具有重要意义。近年来，秀洲区开始探索实施"登记备案+居住地管理""未来社区+共享服务""协同共治+整体智治"三项机制，保障原有农村权益不受影响，同时享受居住地全生命周期公共服务。一是"登记备案+居住地管理"机制。主要针对进城农民建立登记备案制度，对全域土地整治退出宅基地实施公寓房安置的本区户籍农村居民，保持户籍住址不变、户口簿不换，原有农村权益不受影响，享受居住地全生命周期公共服务。二是"未来社区+共享服务"机制。主要围绕社区服务提升，配套建设幼儿园、中小学、居家养老等设施，不断健全公共服务优质共享机制，打破跨行政区域就学壁垒。三是"协同共治+整体智治"机制。主要围绕社区优质治理，打造立方智治体系，通过建立"社区大党委—党建联盟—社区党组织—家园支部—微网格党小组"党建统领体系，推进社区居委会、小区业委会组建全覆盖，增强了基层管理服务力量，强化社区居住地管理服务功能。如火炬村在此基础上构建了一支由"专业调解员—村社干部和网格员—社会力量"组成的三方调节力量，通过"上下联动、部门联合和干群联手"的三联行动，实现社区

问题在"网格—村—镇"三级空间调解的目的，让矛盾在初期就得到及时化解。

四、构建多层次公共服务体系，推动形成城乡一体化格局

为进一步促进城乡融合发展，秀洲区在教育、医疗、养老等方面不断探索城乡公共服务均等化机制。一是推进教育资源均等化。近五年秀洲区共建学校、幼儿园 23 个，新增学位 1.25 万个，确保城乡孩子都能就近"好上学"；乡村和镇区公办义务教育学校水岸教共体全覆盖；积极引进知名学校合办学，不断提高城乡区域的教育质量。二是全面优化三级医疗服务体系。同时，秀洲区与上海市卫生基建管理中心签订战略合作协议，医疗卫生机构全面融入长三角一体化发展，实现优质医疗资源共享。三是完善健全养老服务体系。秀洲区根据当地老人居住习惯，以居家为基础、社区为依托、机构为补充、医养相结合，建成 3A 级以上村（社区）居家养老服务照料中心 100 余家；建立智慧化养老服务平台，通过物联网、云计算、大数据等信息技术，构筑一张满足老年人多层次、个性化养老需求的"网"。通过智慧养老院系统的构建，可实现辖区内养老机构信息管理、老年人信息管理、机构服务监管、低保老人养老管理等，实现内部养老管理信息化提升。

五、值得思考的几个关键点

在推进城乡融合过程中，秀洲区作为嘉湖片区的重点示范区之一，围

绕五大重点任务，通过全域土地整治、宅基地有序退出、承包地经营权股份制改革以及农民市民化后的新型社区治理转型等重大创新举措，实现了城乡空间的重构，打通了城乡要素的互流互通。但是，改革任务还在继续，在今后的推进过程中，仍需关注几个关键问题：

第一，搬迁后的体制机制完善问题。从目前来看，虽然通过土地整治很多农民有偿退出宅基地并搬迁到城镇新型安置区，并接受社区管理，但是出现了村级组织与社区组织同时存在的现象，这就造成人员不精简、职能有交叉等问题，后期需要进一步理顺关系。

第二，农村集体经济组织的内部机制完善问题。一方面，是成员问题，在城乡融合发展过程中，不同农户由于选择不同因此成员身份也有所改变，对户籍迁到城市实现市民化的应有序退出成员身份；对保留原户籍不变、退出宅基地搬迁城镇新社区的农户，以及未退出宅基地、仍居住在农村的农户，要根据实际情况进行成员的多样化确认。另一方面，对全部农户已退出宅基地、搬迁至新社区的农村，从长期来看，为了避免新增人口宅基地申请等纠纷，可以探索对无集体资源性资产的村集体经济组织进行终止或者退出。

第三，城乡融合下农村改革法律支撑问题。从目前来看，秀洲区部分改革存在法律缺位，个别问题难以突破，比如火炬村在开展土地股份改革中，采取了"定量不定位"的创新举措，但是与土地确权的要求并不匹配，在法律层面缺少支撑，后续推广面临硬性壁垒。因此，未来需要进一步根据城乡融合推进过程中出现的土地整合、农民搬迁等问题寻求和探索更全面的法律支撑。

努力打造长三角农业三产
融合示范样板

——浙江省秀洲农业经济开发区典型案例

　　浙江省秀洲农业经济开发区自 2018 年启动创建以来，按照高起点规划、高强度投入、高标准建设、高效率管理、高水平示范的要求，大力发展现代都市型生态农业，努力实现生产、生活、生态有机融合，取得了较好成效。

一、基本情况

　　秀洲农业经济开发区以油车港镇为主要规划范围，涉及 16 个行政村，总面积约 50 平方公里。在"一心引领，一环贯通，三区统筹，十园示范"规划引领下，农开区围绕"强基础、调产业、优项目"等重点工作进行开发建设，累计完成涉农投资 22.37 亿元，2022 年实现涉农总产值 9.83 亿元。在调整优化产业结构方面，通过引入外来资本投资建设现代种业、精品粮油等项目，提升产业层次；在数字化农业和公共服务方面，重点建设麟湖双创中心研发楼、麟湖双创中心数字化大脑等项目，促进了农业增效、农民增收和美丽乡村建设，推进了农村一二三产业融合发展。

农开区成功入选国家级农业产业强镇和省级乡村振兴产业发展示范区，成功创建省级菱果特色农业强镇和市级乡村振兴示范镇。

二、主要做法成效

一是"管理提升"，形成园区政企合力。成立区政府派出机构——农业经济开发区管委会，下设办公室、招商服务局、农业经济发展局、创业孵化中心、规划建设局和财政局。组建农开区建设领导小组，由区长任组长，分管副区长任副组长。同时，成立嘉兴市秀洲农业开发有限公司，作为农开区的运行公司。

二是"招商提效"，增强园区"造血"能力。根据产业规划和功能定位，完善招商引资政策，先后引进农业项目 11 个，完成投资 12.29 亿元，其中包括煌上煌食品华东总部、蓝城智慧渔业示范园项目等超亿元项目 8 个。另外，投资 1 亿元的浙农耘油车港万亩粮油全产业链项目完成签约，绿港农业等一批超亿元高端农业项目正在洽谈之中。

三是"数字提能"，激发园区发展活力。结合省级乡村振兴产业发展示范区项目，通过数字赋能，全力促进数字经济新技术、新设施、新业态在农开区的应用和转化，先后投入 2.296 亿元完成麟湖双创中心、秀洲数字农业大脑、数字渔业基地、智慧绿色田园天眼工程等数字化基础设施建设项目 4 个。建成青莲城市智慧牧场、智嘉农业 2 个数字农业工厂（牧场）。

四是"主体提优"，促进园区融合潜力。有机结合美丽乡村、美丽农业建设，鼓励农业龙头企业以"企业+基地+农户"形式，参与建设农业全产业链和乡村旅游，先后入住农业龙头企业 8 家、农民专业合作社 39 个、家庭农场 148 家，认定有机农产品 3 个、绿色食品认证农产品 3 个，地理标志农产品 1 个；打造菱、粽、稻、渔等主题园区 6 个，精品示范村

1个, 特色精品村4个, 建成美丽乡村精品线2条, 其中麟湖画乡非遗线获评省级美丽乡村风景线和"浙里田园"休闲农业与乡村旅游精品线路。

五是"要素提质", 壮大园区综合实力。在财政资金方面, 先后整合国家特色农业强镇、省级乡村振兴产业发展示范区项目及市区农开区财政资金1.5亿元投入园区建设。截至目前已到位各级补助资金9075万元。在用地方面, 明确"两个5%"用地政策对农开区设施用地、建设用地需求优先安排、重点保障, 先后落实设施用地135亩、建设用地211亩。在人才科技方面, 鼓励高校毕业生和各类人才到农开区创业就业, 引进农创客39人、专业技术人才21名。加强与科研院校合作, 联合嘉兴市农科院成功选育南湖红菱, 联合江南大学共同研究速溶藕粉代餐营养。

三、金融支持情况

一是嘉兴市秀洲农业开发有限公司通过嘉兴市嘉秀发展投资控股集团有限公司发行的2021非公开发行项目收益专项公司债券, 取得2.38亿元资金用于麟湖双创中心项目的建设, 确保了该项目的顺利实施。本项目总用地面积25391平方米 (38.09亩), 总建筑面积52725.15平方米。项目2020年9月23日开工, 已于2022年2月28日完工。目前, 麟湖双创中心已交付使用。

二是嘉兴市秀洲农业开发有限公司积极申报地方政府专项债券。由嘉兴市秀洲农业开发有限公司上报的秀洲农业经济开发区基础设施建设项目已获批。项目对51.69平方公里圩区进行提升整治, 建设200亩生态产业园, 新建管理用房建筑面积10200平方米, 提升850个停车位, 新建200个充电桩。项目概算46211.23万元, 其中24000万元拟计划发行地方政府专项债券, 占比为51.94%。

四、经 验 启 示

（一）要整合资源强基础

要立足长三角一体化总体布局，坚持用"二产理念、三产思维"，高标准、高质量打造农开区，充分整合各类涉农项目、涉农资金等，重点加强农开区内高标准农田、生态沟渠、道路、河道等基础设施建设，撬动社会资本参与美丽乡村、创业创新孵化园等基础设施投入，努力打造优质农产品有效供给的重要基地、农业科技成果转化应用的创新基地、乡村振兴及融合共富发展的示范标杆。

（二）要大力招商提品质

牢固树立"项目为王"的理念和"亩产论英雄"的导向，像抓工业招商一样，全力以赴抓农业园区招商。既追求"高大上"，积极争取国际一线农业品牌企业、国际一流农业高科技企业、国家级农业龙头企业、上市公司等在开发区落地；也注重"小而精"，鼓励开发区运作平台公司通过整村、整镇流转土地，村集体组织通过"资产入股"等形式，建设一批标准化设施，通过租赁等方式吸引优质小微农业主体，让农创客、乡贤等主体能够"拎包入住"。

（三）要产业融合促发展

按照"农业+"的发展思路，以第一产业为基础，坚持宜农则农、宜工则工、宜商则商、宜旅则旅，推动产业链前延后伸，将农业与休闲旅游、教育文化、健康养生等深度融合，发展观光农业、体验农业、创意农业等新产业新业态。推进产镇、产村融合，实现与乡村振兴示范镇、省级特色小镇等有机衔接，与美丽城镇、美丽乡村等深度结合，推动将农民转化为乡村旅游从业者，将农产品转化为旅游商品，将美丽农业转化为美丽经济。坚持共建共享理念，健全工商资本、农业主体和村集体经济组织共同参与的多元投资机制，完善利益链，推动开发区与现代农业园区、小微农业主体、小农户衔接，把农业产业链的增值收益、就业岗位尽量留给农民，使开发区建设成果惠及面更广。

五、几点建议

一是进一步增强工作合力。对照秀水新区发展和农开区规划要求，紧扣"一心三区十园"功能定位，高标准、高质量打造农开区，明确区、镇两级工作职责，区级层面建立联席会议制度，及时协调解决农业经济开发区建设中遇到的困难和问题，镇级成立工作专班，主要领导亲自抓，对农业经济开发区工作实行项目化管理。

二是进一步强化招商服务。充分发挥长三角一体化的优势，加大农业领域招商引资力度。精准施策抓招商，编制农业"招商地图"，创新农业招商方式，借鉴工作招商的办法，依托区级驻外招商队伍，开展联合招商、驻点招商；发挥乡贤作用，拓宽项目招引渠道。

三是进一步突出要素保障。以全域土地综合整治为抓手，提高农开区内土地资源优化配置和高效利用，统筹布局农开区项目，保障农业项目建设用地和设施用地。营造人才集聚优势，构建政府公共服务和市场服务一体化的人才创新创业综合服务平台。拓宽资金来源，发挥体制"集中力量办大事"的优势、财政"四两拨千斤"的巧劲、资本"以商引商"的效应、用足用好开发区建设奖补资金。

四是进一步提升发展品质。按照农业经济开发区各分区的不同定位，积极发展相应的主导产业。坚持生态绿色发展，加快推进美丽田园建设。

深化一二三产业融合，推动农文旅结合，着力发展科技农业、创意农业、休闲农业，加强全产业链建设。突出以合作社、家庭农场等为载体，通过村集体入股、村民参与生产等方式，创新利益联结机制，促进强村富民，实现共建共享。

盘活农村土地资源　助力城乡融合发展

——河南省鄢陵县集体经营性建设用地入市助力城乡融合实践探索

作为全国农产品主产区和重要的矿产资源大省、人口大省，河南省在深化农村土地制度改革、保障国家粮食安全方面发挥着重要作用。在2019 年国家公布 11 个国家城乡融合发展试验区名单中，许昌市全域被确定为国家城乡融合发展试验区，是河南省唯一入选的地级市。许昌市积极按照河南省许昌市国家城乡融合发展试验区建设要求，重点围绕国家赋予许昌的 5 项重点试验任务进行改革。针对农村土地改革问题，通过鄢陵县实验区改革试点，探索出农村集体经营性建设用地入市的可行路径，为完善土地资源配置机制、加快推进城乡融合发展和乡村振兴战略起到了积极作用，为全国提供可复制可推广的典型经验。

一、国家布局河南唯一的城乡融合发展试验区

许昌市位于河南省中部，地处中原，境内土壤平整，自然资源丰富，2022 年全市粮食种植面积 675.43 万亩，比上年增加 0.35 万亩，增长

0.05%。针对城乡要素流动不畅、农村土地利用效率不高、城乡差距不断拉大等问题，2020 年，许昌市将鄢陵县作为全市集体经营性建设用地入市先行先试单位，围绕国家赋予许昌市的五大重点改革任务，抢抓国家农村土地制度改革机遇，全面做活土地经营文章，积极探索农村集体经营性建设用地入市新路径、新模式，为全国探索出了切实可行的"鄢陵模式"。

2022 年，鄢陵县地区生产总值 400.5 亿元，其中，第一产业增加值 44.4 亿元，同比增长 4.3%；第二产业增加值 162.9 亿元，同比增长 3.1%；第三产业增加值 193.2 亿元，同比增长 0.1%，三次产业结构为 11.1∶40.7∶48.2。全县常住人口 54.7 万人，其中城镇常住人口 25.6 万人，乡村常住人口 29.1 万人，城镇化率 46.74%。许昌市作为"国家城乡融合发展试验区"先行区，鄢陵县土地改革的主要任务是探索建立农村集体经营性建设用地入市制度，实现与国有建设用地使用权享有同等权利和义务，同等入市。截至 2022 年，已完成农村集体经营性建设用地入市 10 宗 423 亩，成交金额 3.28 亿元。

二、建立健全农村集体经营性建设用地 入市配套体系

鄢陵县是国家确定的城乡融合发展试验区之一，立足农村集体经营性建设用地入市主要土地改革任务，全县相关政策文件已全部制定发布，政策架构已完成，交易平台已建立，配套体系已健全。

一是出台政策文件，为入市提供制度保障。农村集体经营性建设用地入市工作期间，鄢陵县学习借鉴先期试点县市的经验做法，结合本县实际，积极探索农村集体经营性建设用地入市新路径、新模式，因地制宜出台了《鄢陵县农村集体经营性建设用地使用权入市实施细则》《鄢陵县农

村集体经营性建设用地土地增值收益调节金征收使用指导意见》《鄢陵县农村集体经营性建设用地入市收益分配指导意见》等系列政策文件，对入市土地范围要求、使用方式、流程、地价管理、开发利用监管、转让抵押、调节金征收、收益分配等方面进行了详细规定，从入市主体和入市地块的合法确认到入市方式及程序等方面都明确了具体运行步骤。

二是搭建交易平台，提高入市效率。针对农村集体经营性建设用地布局分散、规模小，农村信息渠道不健全、信息不对称等问题，依托数字技术打造农村产权交易平台。鼓励各镇将符合产权交易的农村闲置资源资产在网上挂牌、实施竞拍，确保农村产权交易透明化、合理化、规范化，维护市场秩序和平台良好运作，切实保障农民和农村集体经济组织的财产权益，提高农村要素资源配置和利用效率，现已成为集信息发布、产权交易、法律咨询等于一体的为农服务综合平台。

三是规范入市程序，强化风险防范。为确保入市交易程序合法、合规，鄢陵县从入市前提和入市方法到入市流程等方面进行了具体规定，确保农村土地入市交易有章可循、有法可依、规范操作。关于入市前提，明确规定入市土地必须为集体所有的、经营性的建设用地，且产权清晰，无权属纠纷。关于入市方法，明确集体土地入市有偿使用方式包括出让、租赁、作价出资（入股）。关于入市流程，明确首批入市土地达到意向后，县自然资源局应以充分尊重和保护村组入市权益和严格规范落实工作程序为原则，协助入市主体组织入市，做好入市准备、民主决议、方案编制、方案审批、发布公告、公开交易。

三、初步探索取得成效，沉睡土地资源得以唤醒

通过近几年的农村集体经营性建设用地入市实践，鄢陵县盘活了村集体闲置建设用地，加大农村资本积累，助推了乡村振兴，解决了农村土地

资源利用低效、农村集体经济低迷问题，把资源变成了资金，唤醒了农村沉睡的闲置土地资源。

一是摸清集体经营性建设用地家底。鄢陵县通过全面深入细致核查，全县宅基地面积 10.75 万亩、集体工业仓储用地面积 7496 亩、其他 16168 亩（公共管理服务 3787 亩、道路 6753 亩、特殊用地 5628 亩），摸清全县家底，建立了数据库，为统筹兼顾打下基础。同时，摸底调查重点区域，把马栏镇、柏梁镇、陈化店镇及毗邻产业集聚区城郊结合带作为集体经营性建设用地入市为先行先试的重点切入口，探索针对性原创性差异化的改革。

二是化解用地瓶颈，推动多元发展。以鄢陵县柏梁镇黄龙社区新农村建设项目为例，该项目建于 2013 年，占地面积 307 亩，因群众积极性不高造成已建设楼房长期空置。在农村集体经营性建设用地入市改革工作推进以后，鄢陵县政府将该项目集体土地作为试点，进行公开出让，顺利拍卖出让了该宗项目用地，土地出让成交额 2.66 亿元，不仅盘活了该项目土地资源和地上建筑物（21.7 万平方米、4.09 亿元），而且抓住当地康养产业发展机遇，作为重大商业地产高效盘活利用。

三是壮大集体经济，助力乡村振兴。以 YJC-20-02#宗地为例，该宗地属鄢陵县马栏镇李孟社区集体建设用地，由鄢陵县北方散热设备有限公司租赁使用，由于该公司产品单一、技术落后不适应市场发展，转型升级也一直没有找到出路，导致车间闲置，群众土地租金也拖欠多年。鄢陵县政府为了盘活利用该宗土地、保障群众利益，通过农村集体经营性建设用地入市，按照价高者得的原则，将该宗集体建设用地使用权对外公开拍卖出让，一举解决了土地低效闲置、僵尸企业退出、投资企业用地难等问题。同时，此次入市为李孟社区集体经济组织带来净收益约 300 万元。

四、做好收益分配，让改革成果切实惠及农民

第一，明确入市土地增值收益调节金征收比例。征收入市土地增值收益调节金，是国家的制度安排。鄢陵县明确规定调节金征收按出让金总价款的一定比例从出让金中提取和征收调节金：对于商服用地，1~2级按30%征收，其他级别统一按25%征收；对于住宅用地，1~2级按25%征收，其他级别统一按20%征收；对于公共管理和公共服务用地、工业仓储用地，则统一按20%征收。

第二，规范村组集体入市收益的分配和使用。对村组入市收益使用的监管，是需特别关注的问题，它关系到群众的切身利益，影响集体经营性建设用地入市积极性。根据鄢陵县入市收益分配规定，全部土地价款在缴纳土地增值收益调节金后，由入市主体进行分配，主要分为三部分：一是支付土地评估、测绘、交易等费用；二是支付征地补偿款（原则上按村民70%、集体30%进行分配）、青苗、地上附属物费用；三是农村集体资产净收益部分管理使用。

以李孟社区集体建设用地入市为例，此次成交面积34.136亩，成交额689万元。收益分配大体情况为：一是政府调节金收益137.8万元，按四六比例分成，县政府收益55.12万元，镇政府收益82.68万元；二是马栏镇李孟社区集体经济组织收益551.2万元，除去支付土地评估、测绘、支付土地补偿款、青苗、地上附属物费用约250万元，李孟社区居民委员会净收益约300万元。其中，根据收益分配制度初步概算，90万元用于集体经济的扩大再生产，90万元用于修路、用电、用水、医疗保险等公益事业支出，15万元用于补充村级组织运营，剩余约105万元可依照相关规定向社区成员进行分红，农民和集体都能切实享受到政策红利。

五、值得关注的几个问题

鄢陵县自被纳入国家城乡融合发展试验区以来，抢抓政策机遇，深挖农村集体土地潜力，打通城乡土地要素流通堵点，引领区域农业农村高质量发展，推动许昌在国家城乡融合发展试验区建设中走在前列，但仍有几个问题值得关注：

一是市场化程度不足，均走协议入市。鄢陵县虽已完成集体经营性建设用地入市 10 宗，规模超 3 亿元，但仍处在探索阶段，尚未形成市场撮合的交易形式。调研了解到，10 宗入市土地均是有了项目之后再完成入市流程，表明当前入市形式均为协议入市，市场化机制尚不健全。

二是评估价值比国有土地低，同权同价仍有待完善。调研了解到，鄢陵县入市价格为国有土地的 70%~80%，其他区域的价格则更低，为国有土地的 50%~60%。集体经营性建设用地的价值得不到充分体现，影响农民土地产权的实现，未来许昌仍需要在农村土地入市与国有土地同地同价上下足功夫。

三是入市后交易渠道不畅，农村产权难以充分发挥价值。一方面，金融机构对农地抵押贷款仍存顾虑，对农村产权抵押贷款的不良贷款容忍度过低，掣肘试点工作推进；另一方面，农村土地流转市场发育程度不足，缺乏大量合适的市场主体，集体经营性建设用地入市流转能否及时顺畅流转存在不确定性。未来试点区需加大力度培育农村土地流转交易市场，扩大土地流转交易信息覆盖范围，充分发挥农村产权价值，让乡村全面振兴和城乡融合发展的动力、活力更加充沛。

小蜜蜂大产业　打造城乡融合新样板

——河南省长葛市佛耳湖镇蜂业小镇典型案例

佛耳湖镇位于许昌市长葛市北部，辖25个行政村，73个自然村，总人口5.2万人。近年来，佛耳湖镇依托当地多年来养蜂传统，在产业振兴政策的推动下，聚焦蜂产业，不断延展蜂业链条，通过带动村村从事蜂产业、户户参与蜂养殖的全域发展模式，大大提高了当地蜂产业的集聚效应。与此同时，当地积极对接相关领域核心企业，围绕产品技术、市场营销、三产融合等方面不断创新突破。佛耳湖镇已形成以蜂产品加工、蜂机具制造为主导，建材陶瓷、建筑机械加工、化工行业（主要是活性炭加工业）为辅的五大支柱产业群，为促进当地城乡融合发展树立了新样板。

一、因地制宜，多点开花

长葛市佛耳湖镇蜂业发展历史悠久。调研了解到，佛耳湖镇一带蜂业的发展始于唐朝，兴于明清。那时只是少数人散养点儿蜜蜂，还未成规模，到清朝末期逐渐有村民学会用蜂蜡制作巢础。改革开放后，村民骑上三轮、开着汽车一路跟随花期向全国各地发展蜂产业，一边推销蜂机具，一边收购蜂产品，回来再加工、销售。因此，许多农民也逐渐从土地上解放出来，加入工业生产营销队伍，打牢了当地蜂产业发展的基础。自党的十八大以来，在乡村振兴的浪潮下，佛耳湖镇以蜂产业为核心，主要以岗李、尚庄为中心，涵盖大孟、申庄、秋庄等周边村庄的区域打造蜂业小镇，全镇的蜂蜡加工量、蜂蜜交易总量、蜂胶加工量、蜂花粉加工量、蜂王浆加工量、蜂机具产销量在全国占比都举足轻重。2022 年蜂产品蜂机具实现总产值达 41 亿元，其中电子商务线上交易额 17 亿元，蜂机具和蜂产品的生产厂家和家庭作坊近 1000 家，从业人员年人均纯收入达 4.5 万元。目前，佛耳湖镇家家户户都参与到了蜂产业中，他们根据市场需求和当地实际，开展多样化的家庭式蜂机具加工、蜂产品收购等产业。调研了解到，一个村子几乎涵盖了蜂机具的各个零件加工，如岗李村 491 户村户，参与蜂产品收购、蜂机具加工的从业者就有 500 余人，年产值达 7 亿元，形成了每家每户互补互促、协同发展的差异化产业格局。

二、村企合作，市场对接

为了进一步提升当地蜂产业的集聚带动效应，近年来佛耳湖镇在地方政府持续支持推动下，积极对接企业，不断提升蜂产业的经济效益和多元开发价值。长葛市蜂产品企业已有 200 多家，规模以上的蜂产品企业 37 家，蜂蜡年加工量占全国总量的 85%，是全国最大的蜂产品集散地，蜂产业已实现从点状到片状集聚的转型。一是围绕蜂产品收购、加工、销售、科研等内容加强村企合作。在蜂产业的支撑下，在企业的带动下，各村通过土地流转、参与产业发展、就近就业务工等方式获得多渠道收入来源，形成村企合作的发展模式。据调研了解，岗李村党支部领办成立了豫强养蜂合作社和土地股份合作社，形成了"龙头企业+合作社+电商+农户"的独特经营模式，2 家龙头企业绑定 78 家合作社，合作社绑定 200 余户农户，形成了"企业+合作社+农户"的利益联结机制，打通蜂产业链条，带动产业链上下游就业人员 20000 余人。二是加强高科技研发。为了进一步提高蜂产业的开发利用价值，长葛市很多蜂产品公司都开始注重科技转型，通过引进先进设备、先进生产工艺用于开发新产品，开启蜂产业的转型之路。例如，河南福美生物科技有限公司从 1991 年成立以来，不断进行转型升级，从初级产品收购到原蜜提纯初加工，到蜂花粉、蜂王浆、蜂胶生产，再到保健食品、软胶囊、维生素 e 和鱼油软胶囊深加工，一直到现在打造成出口检验和销售的产业链条，迈出了走向中高端市场的步伐，2018 年 1 月，该企业获得药用辅料药品生产许可证，在河南省蜂产品行业的唯一一家。三是加强蜂文化宣传。为了将蜂文化不断传承，长兴公司打造集蜜蜂文化、养蜂常识、蜂蜜产品、养蜂工具、养蜂科教等于一体的蜜蜂博物馆，使参观人员获得最直观、最形象的养蜂体验，了解蜂产品提取、加工、销售、应用等过程，使参观者足不出馆便知蜜蜂文化之精彩，蜜蜂产业之灿烂。四是探索三产融合新路径。2019 年，许昌全域被确定为"国家城乡融合发展试验区"，为了进一步促进城乡要素的自由流动，佛耳湖镇以水资源为基础，以"蜂文化"为招牌，整合鑫亮源、香桂湾、汽车主题公园等旅游景点，构筑内涵丰富、品质独特的文旅体系，构建集蜂产品观光、旅游、体验、文化等于一体的三产融合发展模式。目前，已经带动本地 10 多个村 3 万人就业增收，实现年产值 50 亿元。

三、互联互通，全域发展

在数字乡村的推进下，长葛市抓住"互联网+"新机遇，围绕培育市场主体、搭建发展平台、完善服务网络、加大培训力度等，多措并举，大力推进电子商务进农村。一是培养多类型村级电子商务平台。近年来，顺应电商快速发展趋势，长葛市以"淘宝镇""淘宝村""电商村"为代表的农村电子商务成为当地县域经济发展的亮点。长葛市共有 15 个淘宝村、9 个淘宝镇。调研了解到，佛耳湖镇岗李村有 150 多人专门从事蜂产品网上销售，摇蜜机、蜂箱、巢框等各类蜂机具，电销每年达 1 亿多元；同时，以岗李村为中心辐射的方圆几个村子，拥有大小淘宝店近千家，每天物流走货 4 万多件，年销售收入为 5 亿多元，形成了全国知名的地标性、专营化、供应链体系完善的蜂业电商集群。二是积极搭建电子商务协会。为了规范推进蜂产业的数字化发展，当地成立了蜂业协会和电子商务协会，建设了"中国蜂机具"和"中国蜂产品"两个电子商务平台，以"电子商务平台+企业+农户+消费者"的方式打通蜂产品产业链条，促进"园""村"联动，推动城乡融合发展。三是打造多类型电子销售"网红"。随着近两年"抖音""快手"等新型电子平台销售模式的兴起，佛耳湖镇也不断创新，积极培养"自家"网红。调研了解到，为了提高各村蜂产品的网上销售额和影响力，各村搭建专业合作社带动农户抱团发展，通过定期选产品、户户开直播、合力推热搜的方式，大大提高当地土特产在电商平台的影响力和关注度，提高销售额，同时也培养了一批本土"网红"，为乡村振兴注入人才动力。

打造现代农业园区　实现要素互融互通

——四川省成都市郫都区德源稻蒜现代农业园实践探索

郫都区位于四川省成都市西北，古称"郫邑"，是古蜀文明发祥地、农家乐旅游发源地、全国首批双创示范基地，被称为豆瓣之乡、蜀绣之乡、盆景之乡。近年来，随着城乡融合发展加快推进，郫都区作为成都西部片区城乡融合发展试验区的重点区域，以水稻、大蒜种植为产业方向，通过整合利用各方资源，引入农业高新技术，打造德源蒜稻现代农业园区（以下简称园区）。园区将城乡要素有机结合，推动产业融合发展，拓宽了当地农民就业渠道，打造出全域式城乡融合发展示范基地。

一、基本情况

郫都区德源稻蒜现代农业园位于国家级"温、郫、都"生态示范园区中心，地处川西平原腹心地带。下辖德源街道东林村、禹庙村。规划面积13518亩，集中连片种植区域约11000亩，以德源大蒜、水稻为主导产业，良种覆盖率达100%。德源稻蒜现代农业园区主导产业突出，建成了以德源大蒜种蒜和袁隆平杂交水稻种业两大种业支撑的高端农业，还培育了省级合作社——德之源大蒜专业合作社，引进了袁隆平国际杂交水稻种业硅谷等多个重大项目及经营主体，形成集农商文旅融合发展于一体的稻蒜现代农业产业示范区。

二、发展特色

近年来，随着城乡融合发展加快推进，郫都区立足粮食安全底线，大力发展水稻种植，构建德源稻蒜现代农业园，有效促进了城乡资源整合，提高了农业产业发展水平，有效促进了城乡全域融合发展。

（一）推动资源整合，搭建城乡融合发展平台

为了带动周边农村共同发展，园区在打造过程中，聚焦乡村土地、乡村金融、乡村产业、民生服务等领域，与东林村构建了合作机制，通过有效整合农村集体土地等资源，建立集体建设用地有偿腾退、农房风貌、公园绿道等各类乡村振兴项目，激活农村优质资源，实现乡村资源片区开发、农村新型基础设施建设、现代农业产业功能区提升，为当地乡村振兴注入强大动力。同时，园区在发展过程中，与东林村构建"国有公司+社会企业+村集体经济组织+农户"的利益联结机制，创新探索出"投资+滚动+兜底"的市场化开发路径，为带动农村集体经济发展注入强劲动力。

（二）强化科技助力，奠定城乡融合发展基础

为确保国家粮食安全，促进"两系"杂交水稻新成果在西南地区的发展，2005 年，袁隆平院士在成都市郫都区组建了国家杂交水稻工程技术研究中心成都分中心，并入驻园区，园区成为首批"科学家精神"教育基地，为当地现代种业科技研发、新品示范、教育培训、技术推广等奠

定了坚实基础。近年来，成都分中心在杂交水稻选育方面不断取得重大突破，在四川培育、推广了第一个两系杂交水稻，使四川省两系选育实现零的突破，2011年选育的水稻品种创造了当时全国水稻单产最高产纪录，带动园区外发展"稻蒜轮作"产业，辐射带动种植面积达2万亩以上，订单生产面积达75%以上，在推动先进农业技术传播，引领农业高质量发展方面起到示范带动作用。同时，在科技技术的激发下，人才力量得到进一步夯实。近年来，园区与四川省农业科学院、四川农业大学、国家杂交水稻工程技术研究中心成都分中心等共建专家工作站，培训2000余人。

（三）培育特色产业，夯实城乡融合发展支撑

为了进一步提升县域发展实力，增强县城辐射带动能力，郫都区加快产业发展平台建设，支持当地园区提档升级、创新发展。一是突出特色产业。园区继承发扬川西平原"蒜稻轮作"的农业传统，生产以大蒜和水稻为主的农作物，通过一季水稻一季大蒜的轮作方式，既保障了粮食安全，又有利于农户增收，还可以达到病虫害防治和土壤肥力的平衡。近年来，园区通过种植功能打造了"蒜香稻米""优至鲜米"等农产品品牌。据调研了解，德源稻蒜现代农业园区年产蒜薹1万吨、大蒜2万余吨，年产值近4亿元，实现以农带动就业2500余人，农民人均增收3200元。同时，在蒜稻产业带动下，周边村建立了蒜稻专业合作社，带动农民提高经济收益。如东林村于2017年成立的成都市郫都区德之源大蒜专业合作社，吸纳农民社员800余名，辐射园区大蒜种植区域7000余亩，通过为会员提供农资农药农技和市场信息服务，构建了统一购买、统一销售的服务体系，带动农户每年产销蒜薹5000吨、大蒜1万余吨，年产值近2亿元。二是延长农业产业链条。园区以袁隆平院士倡导的"种稻致富"理念为指引，实施"郫都种源总部+下游种植基地"的分工协作体系，推动种养加结合，大力发展农产品加工业，把控研发、制种、品牌、销售等价值链高端环节，形成稳定的产销体系。

（四）引导产业融合，重塑宜居和美城乡形态

园区为了配套服务周边高新企业，以川西林盘为核心，水田林为本底，推行"一个林盘就是一个总部基地"的建设理念，大力发展休闲体验、生态旅游等多种业态，塑造农商文旅体融合发展新场景，实现了农文旅融合全面发展。同时，周边农村在园区带动下大力发展乡村旅游产业，如东林村围绕打造"无差别"城乡，突出公园城市乡村表达示范，积极参与战旗村国家 AAAA 级景区、先锋村 AAA 级景区、林盘院落保护等配套项目建设，重塑城乡大美形态。2021 年，东林村共接待游客 30 万人次，带动周边村民灵活就业 1200 余名，人均年收入 42600 元，较上年增长 20%，集体经济收入达 56 万元。

三、几点建议

自园区建设以来，立足成都西部片区城乡融合发展试验区优势，积极落实城乡融合发展相关政策，聚焦土地、产业、人才、技术等关键领域，促进城乡要素互融互通，进一步夯实了郫都区县域整体发展实力。在今后发展中，还需着重关注以下几个关键问题：

一是促进园区数字化提升更新。随着数字化进程不断加快，园区数字化建设转型成为下一步发展方向。园区物联网设备部署还稍显不足，对遥感技术等应用程度较弱。未来需要进一步加强园区的数字农业设备，围绕农业环境监测、"土壤+气象"监测、农产品溯源、生态遥感监测等内容提升设备匹配，用现代信息技术对农业对象、环境和全过程进行可视化表达、数字化设计、信息化管理。

二是不断延长园区产业链条。调研了解到，园区主导产业是稻蒜种业，但是在发展过程中，精深加工还较为薄弱，关于稻蒜精深加工的相关

产品较少、所占比例较低。因此，未来建议要积极探索延伸稻蒜全产业链发展的实践路径，加强完善大蒜升级深加工产品种类，打造具有发展潜力与产业特色的稻蒜品牌。通过全面发展大蒜产品品牌推广、电商营销，全方位拓展产销对接模式，提升产品经济效益。

三是提升园区社会化服务水平。从目前来看，园区全程机械化服务中心、育秧育苗中心等服务主体较为欠缺。未来建议进一步开展社会化服务功能建设和服务扩面，探索代耕代种、土地托管、"互联网+农机作业"等新型农业社会化服务模式，为农资购买、生产管护、技术服务到收割销售提供全程科学服务，有效提高园区产业发展水平。

金融科技推动普惠金融服务乡村振兴

——四川省成都市首创"农贷通"平台实践探索

随着城乡统筹的持续深入,成都农村地区要素聚集和资源配置环境深刻改变,聚焦在农村金融领域进行综合性改革的需求日益强烈。为解决"三农"面临的融资难、融资贵问题,各地开展了农村金融改革试点。2015年,中国人民银行、发展改革委、银监会、四川省人民政府联合发布《成都市农村金融综合服务改革试点方案》,确定成都作为全国农村金融改革试点城市。2017年,成都市政府办公厅印发《关于建立"农贷通"平台促进现代农业与现代金融有机融合的试行意见》,提出了原创设计农贷通平台,以进一步深化农村金融综合服务改革,使农村产权要素得到有效激活,农村金融市场环境得到实质改善,农村产业融资能力得到整体提升,推动成都现代农业发展更上全国级新台阶。

一、改革背景

农村产权不明晰、借贷双方信息不对称、涉农贷款风险大是阻碍金融资本支持农业农村发展的主要因素。四川省成都市在开展农村金融服务综合改革试点中,坚持问题导向,在全面完成农村产权确权颁证基础上,创立"农贷通"金融综合服务平台，以农村信用体系建设为核心，按照搭建农村信用信息平台、打造应用场景、完善运营模式、加强推广应用和配套保障措施的思路，构建线上线下有机融合的融资服务体系，有效缓解了农村金融信息不对称，融资难、融资贵等难题，大力推进成都市农村信用体系建设，助推乡村振兴和农业农村现代化。

二、主要措施

（一）完善平台顶层设计，夯实农村金融改革基础

一是完善组织体系，建立联席会议制度，由市领导牵头，市农业农村局、市金融局、市财政局以及人民银行成都分行营管部联合成立联席会议，负责"农贷通"平台建设的组织领导，跟踪掌握工作开展情况，协调解决工作推进中的问题，及时总结推广好经验、好做法，相关区（市）县也建立了相应的工作制度，推动辖区内"农贷通"平台建设。二是完善财政金融支持政策，面向农业经营主体和农户，加载贴息政策，对大宗粮食生产、特色种养殖、一二三产业互动等涉农项目提供利息补贴，有效降低融资成本，提升其贷款的积极性，更愿意贷；针对金融机构，出台风险分担政策，充分发挥财政资金的撬动作用，引导金融资金向农业农村流动，对农村产权抵质押贷款、担保贷款、信用保证保险贷款及供应链金融贷款四种贷款模式提供风险补偿，可解决放贷的后顾之忧，更敢放贷。三是创新运营模式，通过建立"政府主导+市场运作"的运营机制，政府通过政策引导和财政补贴等形式支持平台建设运营，负责平台顶层设计和制度安排，统筹协调相关政策资源、数据资源、金融资源等，指导平台及村级综合服务站建设，建立涉农奖补政策及风险分担机制，推进涉农大数据库建设，审核平台和村站功能服务新增，对运营工作进行监督管理

等；金控征信公司负责平台的日常运营、机构合作、业务拓展，线下村级综合服务站的建设运营工作，打造线上线下服务深度融合的农贷通平台，助力农业农村现代化和乡村振兴战略实施，通过与银行、保险等机构合作提供金融服务的同时提升市场化运营收益。

（二）创新金融服务模式，畅通融资服务渠道

线上按照"一个平台，三级管理，市县互动"思路自主设计研发和运营维护，运用云计算、大数据、区块链、人工智能等前沿金融科技技术，打造集信用体系、普惠金融、产权交易、财政金融政策、资金汇聚等服务于一体的综合融资服务平台，实现用户融资需求与银行产品精准匹配，高效覆盖成都农村市场。同时，根据角色权限不同为政府部门、金融机构等提供信息采集、政策发布、产品管理、数据统计等差异化的管理功能。

线下按照统一规范，同步建设集农村金融、农村产权交易、农村电商"三站合一"的村级服务站，实行"三块牌子、一套人马、一套硬件设施、一站式服务"，提供信用信息采集、贷款引荐、金融知识宣传、平台操作辅导、产权交易推送等服务，以打通农村金融服务"最后一公里"。通过整合涉农金融服务，打造专业联络员队伍，规范运营管理制度，深入开展宣传推广等措施，探索建立完善"政府扶持+市场化运作"模式，在农业产业资源丰富、常住人口众多、金融需求旺盛的区域建设村级综合服务站，"以点带面"辐射带动周边行政村，实现要素资源投入和服务覆盖范围的平衡。由村级片区所在地镇/街道政府协商支持建设场地、电脑等基础办公条件；引入银行、保险等合作金融机构，采取给予"固定费用+业务拓展费"，推动业务下沉和便民机具布放等方式开展合作共建，提升村站的活力和运营收益，初步实现可持续化运营，并总结了一套可复制、可推广的市场化改革经验。

依托"农贷通""线上+线下"运营体系，面向政府部门，为各项监管措施、激励政策的有效落地提供抓手为政府政策制定提供参考依据；面向金融机构，按市场化原则为银行、保险等金融机构提供业务引荐、数据

支撑、产品创新等服务；面向农业经营主体及农户，提供融资对接、农险承保、金融教育等一站式综合金融服务。

（三）推进农村信用体系建设，缓解农业农村融资难题

一是建立了农村信用信息归集技术指标体系，制定了数据格式与入库信息技术规范等标准。二是通过实时接口调用和批量获取两种方式实现与市农业农村局、市市场监管局、市网络理政办接入涉农数据，与农村产权交易所接入农村土地经营权交易数据。三是实现通过平台贷款、农业保险及财政贴息等业务产生数据沉淀。截至 2023 年 1 月底，平台已归集全市 210 万余户农户数据，全市企业的工商基本信息、成都产权交易数据 350 万余条；各类农业奖励补贴数据和农业职业经理人数据 10 万余条；可授权查询 770 万余条农村土地经营权证数据和 165 万余条耕保基金数据。基于涉农大数据研发了涉农经营主体信用信息报告、基础工商信用报告、农户资质评估报告、税务征信报告，在开展融资对接过程中提供给金融机构，为融资主体增信，进一步降低金融机构信贷发放风险。

（四）强化金融科技应用，持续打造平台服务场景

一是建立"一站式"融资实现机制，广泛引入各类银行、小额贷款、担保公司、融资租赁公司等资金供应主体，建设共享"融资产品超市"，通过平台足不出户开展融资对接，实现"让信息多跑路，老百姓少跑路"，利用互联网手段打通平台与金融机构业务系统，实现业务数据的实时传递与受理，并可通过平台后台管理系统向金融机构后台进行信息推送提醒，大幅提高贷款对接效率，积极满足广大农业经营主体和农户各种信贷需求，显著提高涉农贷款可得率和满意度。

二是打造在线政策申报服务。开展"农贷通"平台在线贴息申报，实现申报、审批全流程在线办理，大幅提升申报效率，利用平台用户数据和金融业务沉淀数据，可准确判断农业经营主体和农户身份的奖补资质，可支撑财政资金测算，合理调整贴息政策，有效平衡财政资金可承受范围

与惠农支农成效。截至 2023 年 1 月底，已在全市范围内累计完成在线贴息 6 次，为 5000 余个涉农项目补贴金额 7100 余万元。完善风险分担在线申报系统研发，采用基于角色的权限控制的系统设计方式，分别为银行、担保、保险、供应链金融核心企业设计权限清晰的申报规则，各级政府、收储公司实现信息快速补充审批。创新开展农业职业经理人保费补贴在线申报，实现农业职业经理人身份在线审核确认，补贴金额自动计算统计，较大程度提升了申报效率和服务满意度，2022 年首次开展在线申报，累计补贴 1383 笔，涉及补贴金额 600 余万元，较上年以线下申报方式，分别提升 121.63% 和 68.23%。

三是农业保险在线投保登记，平台打造线上便捷投保、线下宣传引导的业务模式，为保险机构提供农业保险协办服务。依托"农贷通"金融服务体系，上线传统种植、传统养殖、生猪价格指数、中药材 4 大险种，覆盖 60 余个品种，实现农业保险投保需求在线登记，通过"线上下单，线下对接"农业保险服务模式，规范农业保险承保理赔流程，农业经营主体及广大农户可"少跑路"甚至"不跑路"，实现农业保险在线"下单"，进一步提升农业保险产品的覆盖率和投保效率。通过线下村站加载农业保险服务，优化完善农业保险基层服务体系，形成农业保险高质量发展，村站"活力与效益"稳步提升的双赢局面，建立长效运营机制。并不断归集整理农业保险大数据，加强与金融机构创新合作，提升银保和互动水平，提高农业保险数据实用价值。

除以上核心业务服务外，平台还汇集供应链金融、国债下乡、农村商业等业务功能，有效满足农村金融各项综合服务需求。

三、取得成效

截至 2023 年 1 月底，"农贷通"平台累计入驻金融机构 77 家，发布金融产品 689 个；注册用户 13.15 万户，累计放款 41636 笔，合计 503.48 亿元；政策性农业保险服务覆盖面积 9.4 万亩。按照"政府扶持+市场化运作"运营模式提升优化村站 54 个，覆盖 9 个涉农区市县，较大程度上实现村站活力与效益的提升，总结出一套可复制、可推广的模式。

一是满足现代农业金融需求。自"农贷通"平台运行以来，放款笔数及金额持续增加，成都市及各区市县涉农贷款余额持续增长，有效促进农业产业与农业经济的增长，面对农业经营主体多样化生产经营的趋势，平台能有效满足各类新型农业经营主体及广大农户的资金需求，持续提升其金融服务的获得感、满足感。

二是助力农村信用体系建设。依托"农贷通"建立涉农主体信用信息数据库，搭建涉农融资支持项目库，构建新型经营主体信用信息数据库，有利于缓解信息不对称、交易成本高和抵质押物不足这三大困境。

三是创新惠农政策实施模式。依托"农贷通""线上+线下"运营体系，为各项支农、惠农财金政策的落地提供有效抓手，为贷款贴息及风险补偿政策在线办理、政策性农业保险在线承保等创新提供支撑，通过线下村站开展深度宣传与推广，进一步加强相关服务落地实施。

四是助力农村金融环境优化。依托村站长期深入强化金融知识宣传，大力推动了农村区域金融知识普及，增强乡村居民金融风险意识与识别违法犯罪金融活动的能力，提升乡村居民整体金融素养，进一步优化农村金融环境。

聚焦现代种业　提升服务能力

——四川省邛崃市现代种业园助力城乡融合实践探索

　　四川省是我国的人口大省、农业大省、粮食主产省，在保障国家粮食安全上发挥着重要作用。四川成都西部片区是 2019 年国家公布的 11 个国家城乡融合发展试验区之一。邛崃市作为全省试点，坚持以川种振兴作为城乡联结的重要载体，通过建设天府现代种业园，引领农业技术革新、区域农业农村高质量发展、保障国家粮食安全，推动城乡形态、产业、要素相互融合。

一、国家布局西南唯一的国家级种业园区

　　邛崃市地处成都平原西南部，境内土壤肥沃，生物资源丰富，全市农用地 179.5 万亩、耕地 66.6 万亩。针对种业自主创新能力不足、种质资源保护利用不够、产业集中度低等问题，依托种业发展的良好基础，邛崃市率先创建天府现代种业园，围绕国家粮食安全战略，抢抓国家种业产业布局机遇，全力建设国家种业高地、国际种业创新示范区，为打造更高水平的"天府粮仓"提供优质种源保障，夯实粮食安全根基，助力乡村振兴。

园区于 2018 年成立，规划面积约 95 平方公里，聚力构建"一核、两区、多基地"，全力构建以杂交水稻、油菜种业为基础，畜禽、蔬菜等种业为突破的"大种业"发展格局。截至 2023 年 3 月，园区 2.1 平方公里总部核心区基本成形，93 平方公里种业生产示范区规模成势。2020 年园区成功创建为国家布局西南唯一的以农作物种植为主导产业的国家现代农业产业园、四川省"1+1+N"现代种业发展的核心园区、成都市五星级现代农业园区。

二、打造西南种业科创空间

天府现代种业园是承载四川省"10+3"农业产业体系先导性支撑产业（现代种业）的核心园区之一，立足西南种业中心目标定位，全力打造集种质资源保护、品种研发、创新转化、场景营造于一体的种业科创空间。

一是搭建"一库一院五中心"重大功能平台。种子是农业的"芯片"、农业科技的核心。针对四川省种质资源保护利用不够、种质资源面临消失风险加剧的问题，园区率先在全国建立省级综合性种质资源中心库，项目总投资近 1 亿元，2022 年底完成主体建设。项目建成后将保存西南特色种质资源，其中包括 45.4 万份植物种子资源、食用菌种质资源 5 万份，水产种质资源 26 万剂，畜禽种质资源 105.2 万剂，保存期 50 年，为种业研究提供种质保障，是种业的"诺亚方舟"。此外，园区已建成国家品种测试西南分中心、孵化中心、博览中心等国省级平台，基本具备科技研发、检验检测、种业孵化、博览展示功能。

二是围绕"育繁推"一体化发展，共建创新平台。针对种业产业集中度低，院校企研究"各自为政"的科研与市场"两张皮"现象，依托现代种业园区平台，构建种业企业与高校、科研机构联合共建创新平台。

一方面，园区引进先正达等种业及关联企业 23 家，2022 年引进签约项目 5 个，涉及协议资金共计约 36.49 亿元，借助企业的市场敏感性保障园区经济效益。另一方面，与国家、省、市农业科学院等 8 家院校形成战略合作，借助院校研发能力夯实种业科研基础。园区联合省农业科学院组建四川现代种业研究院，初步形成商业化育种模式，育成镉低积累品种"德粳 4 号"等 35 个品种，嘉林生态农场与川农大合作研发的地方猪遗传资源保护与产业化开发，荣获省科技进步一等奖。

三、牵引现代农业链条，赋能农业农村现代化

邛崃市境内山川秀丽、气候温和、资源丰富，邛茶、邛酒、邛瓷名动天下，特色镇及川西林盘饱含地方特色。园区在聚焦种业产业的同时，立足邛崃良好的生态本底和资源禀赋，向农业全产业链延伸，推进城乡产业协同发展。

一是推动农业全方位发展。依托邛崃优势产业，打造"菜篮子""油壶子""酒窝子""蜜罐子""肉碟子""果盘子""茶杯子""米袋子"，维护地方优势产业发展。其中，作为四川省油菜产业集群重要承载地，邛崃常年油菜种植面积 15.6 万亩，产量 2.8 万吨，培育了董小榨、鑫福兴等油菜品牌。同时，邛崃市也是世界美酒特色产区、中国白酒原酒之乡、川酒成都产区核心承载地，"邛酒"成功申报国家地理标志保护产品，连续 4 年荣登中国品牌价值区域品牌百强榜，全市年产量 10 万千升。

二是促进多业态融合。一方面，园区创新"产业功能区+特色镇+林盘"发展路径，打造主导产业优势突出、多功能业态复合的农商文旅融合发展示范区。以高标准农田铸造大地景观，以种质资源圃打造种业主题公园，以特色林盘丰富生产生活场景，建设具有公园特质的农业产业功能区。另一方面，园区积极培育农耕体验、科普观光、民宿群落等新业态新

场景，促进生态价值转化，在种业衍生领域培育构建新产业链条。

三是聚焦博览会站推广。园区加强与省、市商务、科技等部门合作，2021 年成功举办四川（花卉）果类生态旅游节分会场暨首届天府田园油菜花节，成渝地区双城经济圈油菜产业链价值提升与前沿发展论坛，鲜食玉米大会、首届天府国际种博会。累计承办专业会展论坛活动 21 场，形成"以产兴会、以会促产、产会一体"的发展共同体，提升种业发展显示度和品牌价值。

四、深化体制机制改革创新

一是创新"孵化器+天府种业基金"模式。针对育种专家有品种无资金、初创企业有技术无平台的现状，采取"孵化器+天府种业基金"模式推动双创孵化。依托成都科服集团、技转连线公司和园区开发建设公司培育的配套种业实验室、试验田、制种基地等科研设施，以及重庆农投、益民集团和园区开发建设公司设立的 1.5 亿元产业基金，构建专业的全要素服务体系，首期入孵种业企业 10 家。

二是首创"3T"联农带农机制。成立成都市天府现代种业园开发建设有限公司作为产业园唯一专业运营商，在片区综合运营模式基础上建立利益联结、合作共赢机制，盘活集体经济组织闲置和低效资产，促进农民增收和集体经济壮大。其中，农房采用 BOT 方式，由片区公司改造经营，以获得租赁收益或经营性收入；农户采用 COT 方式，参与片区公司投资，获得投资固定收益；农地采用 ROT 方式，由合作社集中流转给种业园综合运营商经营，农户获得土地流转金、产业增值分红和薪金。该机制每年带动参与农户增收 3 万元，村集体增收 10 万元以上。

三是加大重点领域金融支持。聚焦种业安全和现代农业高质量发展，积极推进天府现代种业园金融综合服务工作，通过强化银园企协作，建立金融综合服务主办银行制度，开展产融对接和整园授信，引导金融资源积极向园区优质企业和重点产业基地倾斜。农业发展银行、农业银行、中国银行、成都农商银行等银行机构对园区授信 80 亿元。

五、值得关注的几个问题

天府现代种业园自成立以来，积极融入国家城乡融合发展试验区和成渝双城经济圈建设，引领区域农业农村高质量发展，推动邛崃在国家城乡融合发展试验区建设中走在前列，但仍有几个问题值得关注：

一是园区入驻企业少，项目招引难度大。园区虽已吸聚先正达、荃银高科、丰乐种业等种业及关联企业 23 家，但数量远不及园区规划，资源使用效率不高。同时，受市场经济影响，企业对外投资意愿不强，再加上建设资金筹集困难，签约企业落地建设及投产较慢，导致项目招引难度加大。

二是品牌价值开发有待深化，生态产品价值实现机制尚不健全。一方面，邛崃市生态产品量多分散，竹、茶、果、酒等特色资源品牌价值尚未得到有效开发，农产品产业化、品牌化发展有待提高。另一方面，区域公共品牌价值尚未得到有效开发，系统化的生态价值转化配套机制还未完全建立，生态产品价值市场化实现路径窄，利益协调机制、财政补偿机制尚不健全。

三是经济效益市场化回收难度大，亟需提升"造血"能力。天府现代种业园区当前尚未具备自我"造血"能力，园区资金多由地方财政拨付，而财政承受能力有限，基础设施配套项目资金保障难度大，持续支持产业园内项目可行性不高。未来园区必将向市场化运行方向发展，亟需考虑创新体制机制，实现财政、金融、社会资本的协同共进。

深化金融创新 破解融资难题

——吉林省龙井市物权公司助农实践探索

吉林省是"十三五"时期全国唯一以省为单位推进的农村金融综合改革试验区。龙井市作为全省农村土地收益保证贷款试点县（市），坚持把农村金融综合改革作为破解"三农"问题的突破口，针对农村抵押物缺乏等现实问题，通过支持成立物权融资服务公司，加大金融产品和服务创新，营造出良好的金融生态环境，改革试验取得了阶段性成效。

一、全国首创"果树预期收益保证贷款"

早在 2012 年，在当时农村土地经营权在法律上还无法进行抵押的背景下，吉林省已率先在全国探索土地收益保证贷款，即通过成立物权融资服务公司构建流转处置与融资增信两个平台。以土地未来预期收益、财政惠农信贷风险基金作为两种保证方式，在农民不失地和不改变土地农业用途的前提下，帮助农民获得低成本融资。

龙井市物权融资农业发展有限公司（龙井市国有独资企业，以下简称物权公司）于 2013 年成立，在总结前期经验基础上，抓住涉农金融市场关键环节，大胆开展金融产品创新，2014 年在全国范围内首次创新推出"果树预期收益保证贷款"。以龙井市果农拥有土地承包经营权预期收益为保证，由物权公司提供担保，按每株果树 120 元的保证额度，向果农发放生产经营贷款，该类贷款产品具有抵押新、零费用、利率低的特点，极大地拓宽了果农融资渠道，有效地缓解了果农面临的抵押难、担保难问题，深受广大果农欢迎。"十三五"时期，累计为 756 户果农发放贷款 1.24 亿元，占全市"两权"抵押贷款的 24.69%，有效盘活了果农资产，降低了融资成本，为果农自身经营及龙井市苹果梨产业发展提供了有力的资金支持。

二、全州首推"新型合作家庭农场信用土地收益保证贷款"

龙井是中国朝鲜族文化的发源地，是中国境内朝鲜族居住最集中、原生态文化保存最完整的地区之一。龙井市共有 7 个乡（镇）65 个行政村，农业人口为 64707 人，劳动力人数为 33277 人，其中朝鲜族人口占总人口的 66.4%。由于龙井临近韩国，朝鲜语同韩国语一脉相承，自改革开放以来，越来越多的农户外出务工，人数达 15027 人，占农村劳动力总数的 45%。因此，农户耕种比重日益减少，且平均每个农户承包的土地面积仅为 21 亩，呈现农户种植面积小、耕种分散等特征。此类农户在申请贷款时存在申请额度低、程序繁琐，甚至无法申请贷款的情况，实际贷款存在困难。

在多次调研和反复论证的基础上，物权公司在全州范围内首次推出以合作成立农场为契机的"新型合作家庭农场信用土地收益保证贷款"模式，即以村或村民小组为单位，除去已成立的农场土地，将剩余的其他农户土地以联合的方式捆绑起来成立农场，由物权公司按照农场的测算标准，给予农户资金支持。这种新模式的信用贷款优势体现在以下两点：一是有利于实现规模经营。通过土地流转成立农场，可以更好地实现连片规模经营，降低生产成本，提高贷款额度。二是简化农户贷款融资程序。过去进行土地收益保证贷款，必须要求每户所有人全部到齐签字确认，并提交相关材料。现在通过合作成立农场时事先签好的合同和委托书，实现由农场负责人一人前来即可办理，大幅简化了办理程序。

三、搭建农村金融供应链综合服务平台

2021年，龙井市以服务"三农"发展为出发点和落脚点，结合实际探索创新"让数据多跑路，农户少跑腿"的科技型金融综合服务模式，搭建了龙井农村金融供应链综合服务平台（以下简称农金综服）。龙井市财政局作为平台的业务指导和监管单位，市金融服务中心作为行政管理单位，与物权公司签订相关业务委托协议，委托公司进行运营和运维服务等经营活动。农金综服构建了融资增信、信用数据、产业扶持、风险防控四大体系。

一是融资增信体系。在开展农村金融服务的过程中，由龙井物权公司按照政策导向为涉农主体提供相关宣传、咨询服务，并在全市7个乡（镇）设立金融服务站，在2个重点村设立村级金融工作站，将金融服务的触角延伸至最终端，同时利用农金综服的线上办公系统为金融机构提供线上服务。这种模式在为无其他担保物的涉农主体增信的同时，很好地解决了涉农主体融资难、融资贵的问题。

二是信用数据体系。2021年，物权公司在全市7个乡（镇）65个行政村开展土地与农户基础信息采集等相关工作，并结合历年信用记录，在农金综服逐步形成了平台信用评价体系。数据内容包括常住人口基本信息、土地经营情况、涉农补贴、种（养）信息、动产及不动产等信用信息，并可在多领域、多部门共享数据，为制定涉农主体和信用户、信用

村、信用乡（镇）的信用评价标准体系及信用监管提供了更为精准的依据。

三是产业扶持体系。农金综服一体化平台自建有农户、农业服务商等白名单目录信息数据库，通过与银行、担保、保险等金融机构系统对接，与电商、采购商平台联结，与政府相关土地、林业、农业等部门数据协同，数据信息可以覆盖生产、加工、物流、仓储等多个环节，能够大幅提高涉农产业金融扶持能力。

四是风险防控体系。为适应宏观经济环境变化，农金综服建立了专业化、精细化的全面风险防控体系。通过线上监管贷前、贷中、贷后的资金流水，管控供应链各个环节，实现资金闭环结算，确保银行贷款获得优先偿还；通过线上开展产前、产中、产后的科学种植专业化服务，实现品质提升、产量提高及销量增加，正确引导资金流向。在线上监管同时，下沉至村级的风控人员可通过定期访问、实地调研等方式对各项目进行风险管控。

四、值得关注的几个问题

经过近 10 年的农村金融实践与改革探索，龙井物权公司大胆突破、勇立潮头，为当地农业农村发展提供了重要的金融支撑，但仍有几个问题值得关注：

一是农业产业升级任重道远，土地价值开发尚待破题。随着龙井市农村土地流转率的大幅提升，家庭农场、合作社等新型农业经营主体虽实现了土地资源的集中化，但仍面临以简单再生产为主、科技附加值不高、加工技术不精、产品品种单一、品牌效应不强等诸多问题，产出和收益增长不是基于单位土地的高效开发，而是依赖于在土地规模上做"简单加法"，农业产业升级仍任重道远。此外，经多年改革与推进，龙井市新型农业经营主体及农户融资渠道虽已拓宽，但从单位土地融资金额来看，仅小幅超过土地流转的基本价格。金融机构在评估土地价值时，无论土地上种什么、养什么，都是按照玉米、水稻的基本价值来评估，产业升级受限导致对土地价值挖掘开发程度较低。

二是贷款手续亟待简化，抵押品处置仍然棘手。2018年吉林省农业委员会出台新标准，土地流转抵押合同需要原转让方家庭成员共同签字才能抵押，农村多数转让方家庭成员因出国务工无法取得联系，导致部分农户无法及时签订抵押合同，从而无法申请土地收益保证贷款。此外，由于农村土地不允许拍卖、处置，土地收益保证贷款出现逾期后，处置和清收难度较大，制约了土地收益保证贷款良性循环和发展。同时，销售渠道缺乏保障、种植业保险保障较低等问题也在很大程度上影响贷款户的还款能力。

三是公益性平台亟需"造血"，体制机制亟待创新。延边州属于欠发达地区，而龙井市是原国家级贫困县，2019年4月才脱贫摘帽，财政情况捉襟见肘。农金综服平台当前尚未具备自我"造血"能力，日常运营资金由财政拨付。随着平台的逐步发展，最终必将走向市场，成为自负盈亏的主体，这段过渡期以及过渡期后的运行机制问题困扰着本不富裕的地方财政。乡村振兴工作需要资金的投入，但又不能敞开大门让民营资本肆意进入，以免对农民利益、国家粮食安全等造成不利影响。如何创新体制机制，充分发挥市场"看不见的手"和政府"看得见的手"的相互作用，实现财政、金融、社会资本的协同共进，成为破解当前农村金融难题和全面推进乡村振兴的核心议题。

把握历史新机遇　构建服务新路径

——江西省农业银行服务城镇化的模式与策略

自党的十八大以来，新型城镇化被提到前所未有的高度。江西是一个城镇化发展滞后于全国平均水平的省份，近年来加大了城镇化的投入力度，但与发展要求相比，仍存在资金缺口。农业银行把握江西城镇化发展战略，合理选择目标市场，构建有效的服务模式与策略，在助推江西省城镇化发展中实现了跨越发展。

一、新型城镇化的宏观政策与省内城镇化发展的新形势，为商业金融服务新型城镇化带来新机遇

（一）中央宏观政策作保障

党的十六大提出走中国特色的城镇化道路，集中型与分散型相结合、据点式与网络式相结合、大中小城市与小城镇协调发展的多元城镇化，是适合国情的发展之路。党的十七大进一步指出按照统筹城乡、布局合理、节约土地、功能完善、以大带小的原则，促进大中小城市和小城镇协调发

展。党的十八大再次指出促进工业化、信息化、城镇化、农业现代化同步发展，科学规划城市群规模和布局，大中小城市、小城镇、新型农村社区协调发展、互促共进的城镇化，增强中小城市和小城镇产业发展、公共服务、吸纳就业、人口聚集功能，实现城乡基础设施一体化和公共服务均等化，促进经济社会发展，实现共同富裕。

（二）江西内部条件已具备

一是改革开放 40 多年来，江西省二三产业在国民经济中的比重已经达到 88.3%，城镇化建设的必需品供给充足，民营经济及非农产业的发展使部分农民积累了可观的民间资本，为更高水平、更大规模的城镇化奠定了物质基础。二是江西产业分工、结构调整和产业层次提升稳步发展，大批加工制造业、物流业陆续向城市周边县镇扩散转移，为城镇化提供了新机遇。三是江西有 786 万农民进入中小城镇务工、经商或以流动人口形式，进入沿海地区和大中城市就业，已具有从事非农生产的经验和适应城镇生活的能力，为城镇化提供了主体和直接动力。

（三）金融机构业务拓展有机会

城镇化在地域上一头连着城镇、另一头连着农村，在产业上一头连着农业、另一头连着工业和服务业，在促进经济发展上一头连着投资、另一头连着消费。城镇化既能推动城乡协调发展，又能促进产业结构优化；既是金融支持经济结构调整的重点，也为江西银行业实现自身转型与加快发展提供了机遇。2023 年，江西省常住人口城镇化率达 63.13%，未来江西将有 760 万农民需要在就业、住房、社会保障、生活等方面实现市民化，若以人均 10 万元①的市民化成本推算，需要 7000 多亿元资金。

---

① 中国科学院城市报告指出，转移一个农村人口平均需要的城市建设费用高达 5 万~6 万元，在城市基础设施完备的前提下，每转变一个农民成为城市居民平均需支付成本 2.5 万元/人。

二、农业银行支持江西城镇化发展的现状与服务江西城镇化的有利条件

（一）加大了对商业化城镇项目支持力度

近年来，江西农业银行加大了对符合商业运作条件的城镇建设项目的支持力度。截至 2024 年 6 月末，支持县域内农副产品专业批发市场、通用仓储等农村流通设施建设项目 17 个，发放贷款 11.44 亿元、余额 5.03 亿元；支持县域园区建设项目 69 个，发放贷款 130.07 亿元、余额 104.19 亿元；支持县域小水电开发项目 11 个，发放贷款 8.09 亿元、余额 1.33 亿元；拓展县域旅游项目贷款 37 户，发放贷款 65.46 亿元、余额 42.99 亿元；支持卫生、保障与社会福利客户 46 户，发放贷款 22.65 亿元、余额 18.43 亿元；拓展优质房地产开发贷款项目 86 个，发放贷款 140.56 亿元、余额 15.49 亿元。

（二）拥有支持江西城镇化发展的有利条件

农业银行扎根江西县域，有服务城镇化建设的传统与有利条件。一是"三农"定位的政策倾斜。近年来，江西农业银行积极探索服务"三农"的有效途径，在支持基础设施建设、水利枢纽、小水电、房地产、商品流通市场、市政基础设施建设等方面积累了丰富经验。二是上下联动的良好合作基础。江西农业银行已与水利厅、林业厅、农业厅及 8 个地市政府结为战略合作伙伴，支持城镇化发展。三是联结城乡的机构网络优势。江西农业银行的资产、机构和人员拥有绝对优势，截至 2023 年底，在全省设立"惠农通"服务点 2188 个，覆盖 1446 个乡镇，乡镇覆盖率达 100%，为有效服务城镇化项目打下了良好基础。

三、新型城镇化的涵盖范围与商业金融的服务内容

（一）新型城镇化涵盖的范围

城镇化不是目的，发展经济、吸纳就业、提升产业，促进经济与社会可持续发展，提高人民生活水平和福利水平，才是最终目标。因此，从新型城镇化的内涵和外延来看，至少涵盖社会城镇化、人口城镇化和经济城镇化三个层次内容。

从社会城镇化来看，城市基础设施建设和公共服务投入将会增加。尽管江西省常住人口城镇化率已经达到 63.13%，但大部分进城务工农民，在住房、教育、医疗、社会保障等公共服务领域没有享有与城镇居民相同待遇。江西省新型城镇化发展水平涉及转移劳动力的生活改善和福利提高，未来农村务工人员可以和城市居民一样，享受政府提供的公共产品。

从人口城镇化来看，城镇化蕴含的内需潜力巨大。一方面，城镇化会使转移的农民能获得更高的工资水平，农民变成市民收入会提高；另一方面，随着农村剩余劳动力向城镇转移，人均占有资源不足的矛盾会得到改变，收入的资源约束会在很大程度上消除；此外，2019 年，第十三届全国人民代表大会常务委员会第十二次会议对《中华人民共和国土地管理法》进行了修正，征地补偿数额大幅提高，农民收入水平的提高，将极大拉动城乡的消费水平。

从经济城镇化来看，一二三产业发展获得新契机。一是城镇化为农业现代化创造规模化经营条件，农民居住向中心村和镇区集中，农田向规模经营集中，通过旧村改造和土地复垦，人地关系将得以改善，从而促进农业专业化和规模化经营。二是城镇化能把农民从土地上解放出

来，为工业发展提供劳动力资源与发展依托。三是发达国家的城镇化经验表明，城镇化可以增加第三产业的就业弹性和规模，提高服务业的比重，促进商贸、餐饮、旅游等生活性服务业和金融、保险、物流等生产性服务业的发展。

（二）紧扣江西省城镇化规划目标，选准社会城镇化、人口城镇化和经济城镇化的重点支持内容

1. 满足社会城镇化的三种金融服务需求

《江西省城镇体系规划（2012—2030 年）》确定到 2030 年全省城镇化水平为 68% 左右，全省城镇人口为 3500 万左右，城镇建设用地控制在 4260 平方公里左右，城乡建设用地控制在 8500 平方公里以内，这迫切需求加大对基础设施与公共服务的投资。一是满足有稳定现金流的基础设施建设融资需求，重点解决经营性项目如机场、港口、收费公路、供水、供气和污水处理设施等，可以产生稳定的、可预测的现金流收入的项目建设融资需求。二是适度介入有财政资金保障、有政策支持的安居工程建设。农业银行信贷资金可适度介入交通及生活条件便利、销售前景明确的保障性住房建设、中心城区棚户区改造。三是做好社会保障体系建设中的资金代理服务。新型城镇化的目标之一，就是实现城乡社会保障一体化，农村养老保险、医疗保障、最低生活保障及失地农民生活保障与进城农民工社会保障需要解决。农业银行要依托机构、人员与网络的优势，着重做好社会保障资金的归集、结算与代理服务。

2. 满足人口城镇化的四项金融服务需要

2023 年，江西省农村居民年消费水平为 18421 元，城镇居民为 27733 元，扣除农民自产自销的消费部分，一个农民转化为市民，年消费需求增加 1 万元左右。全省每年新增城镇人口 70 多万人，将增加 70 多亿元的消费需求。考虑到收入和消费的自然增长，城镇化所带来的消费市场将更大。一是满足日常生活的金融服务需求。在农村居民向城镇居民转变的过程中，日常生活方式转变的金融服务需求会发生变化，要满足日益增加的存贷、汇兑、银行卡服务、代发工资、代理收付等服务。二是满足居民金融投资、理财服务需要。随着居民财富与收入水平的增长，要满足居民在股票、债券、基金、外汇等方面投资与交易需求。三是满足居民消费信贷服务需求。农村居民在城镇定居，首先要解决住房问题，其次要购置家电、家具甚至汽车等大宗消费品，农业银行要积极提供消费信贷服务。四是满足居民创业信贷服务需求。随着农村居民收入转型，金融需求将从依附于劳动力收入的农户小额信用贷款模式，向依附土地和资本的抵押贷款模式转变，从简单的信贷模式向创业性风险融资模式转变。

3. 支持经济城镇化的五类业务发展

从第一产业来看，城镇化会带来农业的专业化和规模化；从第二产业来看，农村释放的资源，将有利于形成一批集中度大的产业集群；从第三产业来看①，城镇化有利于促进第三产业发展。一是支持农业产业化发展，重点支持国家级、省级农业产业化龙头企业技术研发、基地建设和农副产品收储、加工、销售。二是支持新型农业主体从事规模生产，重点支持涉农重点户、专业户、专业合作社发展优势特色经济，扩大服务"三农"覆盖面。三是支持农村流通网络建设，支持重点产区和集散地农产品批发市场、集贸市场和生鲜农产品配送中心建设，做好"万村千乡市场""双百市场""新农村现代流通网络""农村商务信息服务"建设的配套信贷服务。四是支持江西优势资源开发利用，立足江西资源优势，支持小水电、稀土、特色矿产等资源开发，支持观光农业、农家乐休闲旅游业和名胜风景区发展。五是支持房地产市场健康发展，优选重点区域进行扶持，加快对项目地段优势明显、土地成本较低、资本金大部分到位、贷款收益较高房地产项目的准入。

———————

① 主要发达国家服务业在国内生产总值中的比重大多在80%以上。

四、创新服务思路，开拓农业银行服务江西城镇化的新路径

（一）明确一个思路，商业化运作有所为有所不为

江西省城镇建设项目多、投资大、涉及面广，要处理好公益与经营性的关系。一是对经营性项目要积极介入，在科学评价经营主体偿债能力的基础上，积极提供包括信贷业务在内的各项服务。二是对公益性项目提供资金归集、结算等金融服务。如确因政府投资暂时未到位，需要信贷资金垫支，须以执行国家政策为前提，纳入政府计划，制订好筹集资金与还贷计划，办好优质资产抵押，方可介入。

（二）实现两个转变，非信贷业务大发展与收益结构大调整

要把支持城镇化建设作为实现收益增长方式的转型战略举措。一是要利用农业银行平台优势，积极提供结算、现金管理、财务顾问、并购重组、资本债务市场、直接投资等全方位金融产品与服务。二是要落实非信贷资产业务发展机制，做到与信贷业务并重发展，实现经营方式和收益结构转型。

（三）加强三级联动，强化合作与提高服务效能

社会城镇化中基础设施建设与社会保障体系建立具有很强的公益性，决定了其建设将以政府主导。各级行要加强与当地政府的沟通合作，及时了解社会城镇化建设项目及金融服务需求。省、市、县三级行和政府的相关部门进行联动，及时掌握项目储备和安排情况，并建立好目标客户信息数据库。

（四）服务四大主体，实现服务有效对接与合作"双赢"

加强与城镇化融资平台的合作，新型城镇化上升为国家战略，新一轮基建投资冲动再次被激发，政府融资平台将担负重要角色。加强与重点项目建设单位沟通，如港口、收费公路等组建的管理局、开发公司，城镇化项目主管机构、交通局、开发区管委会等机关。加强与大中型城镇化建设施工单位对接，重点满足"一群、两带、三区"、综合交通体系中大中型施工单位的金融需求。加强对重点城镇项目运营单位的支持，如高速公路、铁路客运公司、客运专线、航运、航空设施的运营单位。

（五）紧扣江西城镇规划五大工程体系，选准支持重点与服务项目

江西全省确立了构筑"一群、两带、三区"的省城镇空间发展总体结构，即鄱阳湖和赣、抚、信、饶、修五条水系廊道的鄱阳湖生态城市群、沪昆（浙赣）和京九两大城镇发展带、南昌大都市区、九江都市区和赣州都市区；确立了优化城乡居民体系，由区域中心、地区中心、县（市）域中心、一般镇、村庄等构成；确立了构筑"五纵五横"高速公路干线网、"五纵五横"铁路网、"两纵三横"客运专线、内河船运线、航空的综合交通体系；确立了构筑"双核、多廊、多区、多点"的生态体系结构①。以上规划项目多、投资大，金融服务要紧扣五大工程体系进行支持。

（六）落实六项业务内容，提供多样化金融产品与服务

一是以商业化主体为对象，提供融资配套服务。满足社会城镇化中有稳定现金流的基础设施建设项目、有政策支持的安居工程的融资需求，满

---

① 以鄱阳湖核心生态保护区和赣江—东江源核心生态保护区，以长江、赣江、抚河、信江、饶河、修水及其支流水系的生态廊道。以自然保护区、水源涵养区和其他生物多样性功能区共同组成的生物多样性载体，以位于生态廊道交汇处，具有特殊城乡生态服务功能的节点地区，处于生态节点上的城镇应率先建成生态园林城市、环保模范城市和人居环境范例奖城镇。

足人口城镇化中衍生的消费信贷与创业贷款的融资需求，满足经济城镇化带来一二三产业发展的融资需求。二是以大型城镇化建设与运营项目为平台，提供融资租赁服务，积极关注综合交通体系中大型工程建设项目的融资租赁需求。三是以绩优城镇化企业为载体，提供投资银行服务。发挥农业银行客户渠道优势，搭建投行机构与企业的对接平台，提供债券发行、风险投资、改制及上市顾问等投行服务。四是以项目为依托，着力发展城镇化产业的基金业务，积极关注综合交通体系大型枢纽项目募集基金的需求，发展基金业务。五是以城镇化建设基金为源头，强化资金存放归集代理业务，紧抓城镇化建设基金源头，争取城镇化建设基金的归集业务。六是以服务网络为载体，提供量身定制金融服务，充分利用农业银行的信誉、技能、信息等优势，全过程介入开户、汇兑、结算、代理等服务，适度开展理财与信贷匹配，为城镇化发展中涌现出的大企业、大客户提供个性化的金融服务。

（七）推进金融创新，强化支持城镇化服务的力度和广度

一是围绕城镇化建设工程体制创新，开发适应 BT 模式、TOT 模式、BOT 模式、ABS 模式、BOO 模式、BTO 模式、TOB 模式的城镇化建设融资新产品。二是对一些城市供水、污水处理、路桥等有收入的建设项目，以财政资金为担保，提供过桥贷款或收费权质押融资服务。三是结合统筹城乡发展配套改革中出现的土地流转、林权改革、农村基础设施建设等，满足农村资源要素市场化需要，发展农地金融、林权贷款等业务。四是加强运用信托、租赁等金融工具，不断丰富业务范围，强化支持城镇化建设的融资服务能力。

（八）积极争取政策支持，改善商业金融支持城镇化建设的外部环境

一是争取差异化的平台监管政策。现行监管政策要求商业银行严格管控平台贷款，建议银监部门针对城镇化融资平台设置差别化的监管政策，提高商业银行介入城镇化融资平台的可操作性。二是加大城镇化建设基金及规费收入的整合力度，发挥财政资金的导向作用，撬动银行的信贷资金。三是创新风险补偿机制，护卫信贷资金安全。争取地方政府建立偿债基金，加强与第三方如保险、担保公司合作，分散风险，防范城镇化进程中的相关业务风险。

参考文献

［1］马克思恩格斯选集（第1卷）［M］.北京：人民出版社，2012：405.

［2］马克思恩格斯选集（第3卷）［M］.北京：人民出版社，2012：264.

［3］毛泽东文集（第7卷）［M］.北京：人民出版社，1999：241.

［4］毛泽东年谱（1893—1949）（下）［M］.北京：中央文献出版社，2013：495.

［5］周恩来经济文选［M］.北京：中央文献出版社，1993：28-29.

［6］蔡昉，林毅夫.中国经济改革与发展［M］.北京：中国财政经济出版社，2003：9.

［7］韩俊.中国城乡关系演变60年：回顾与展望［J］.改革，2009（11）：5-14.

［8］郭旭红，武力.新中国城乡关系的理论与实践［J］.当代中国史研究，2022，29（3）：108-122+159.

［9］谱写农业农村改革发展新的华彩乐章——习近平总书记关于"三农"工作重要论述综述［N］.人民日报，2021-09-23.

［10］黄国平.促进城镇化发展的金融支持体系改革和完善［J］.经济社会体制比较，2013（4）：56-66.

［11］邓小平文选（第3卷）［M］.北京：人民出版社，1993：65.

［12］邓小平文选（第3卷）［M］.北京：人民出版社，1993：23.

［13］邓小平文选（第2卷）［M］.北京：人民出版社，1993：29.

［14］邓小平文选（第3卷）［M］.北京：人民出版社，1993：276.

［15］十六大以来重要文献选编（上）［M］.北京：中央文献出版社，2005：264.

［16］习近平谈治国理政（第3卷）［M］.北京：外文出版社，2020：256.

［17］习近平谈治国理政（第3卷）［M］.北京：外文出版社，2020：257.

［18］习近平谈治国理政（第3卷）［M］.北京：外文出版社，2020：260.

［19］中华人民共和国大事记：1949年10月—2019年9月［M］.北京：人民出版社，2019：20.

后　记

　　城乡融合发展是推进中国式现代化的必由之路。习近平总书记在 2020 年中央农村工作会议上强调，"今后 15 年是破除城乡二元结构、健全城乡融合发展体制机制的窗口期"。推进中国式现代化，需要把握"窗口期"，打好"组合拳"，高质量推进城乡融合发展。城乡融合发展离不开金融要素支撑，能够有机会在金融支持城乡融合发展领域开展系统深入研究，首先要感谢中国建设银行总行提供的课题研究机会。2022~2023 年，中国建设银行总行乡村振兴金融部与农业农村部农村经济研究中心联合开展了研究项目"金融在城乡融合发展中的功能和作用研究"，由农业农村部农村经济研究中心谭智心研究员具体负责课题的设计、组织、实施与成果交付等工作。课题组成员为江西省"双千计划"获得者徐珍源博士，农业农村部农村经济研究中心冯丹萌副研究员、郭金秀助理研究员，中国农业大学经济管理学院金融系硕士研究生陈都等。研究团队中既有长期从事农村政策研究的专家学者，也邀请到长期在金融一线工作的行业翘楚，同时还加入了中国知名高等学府金融学研究领域的优秀学子，使课题研究兼具理论、政策与实践意义。

　　为了更好地开展课题研究工作，结合课题研究内容，课题组决定赴国家城乡融合发展试验区开展调查工作。国家城乡融合发展试验区于 2019 年底由国家发展改革委、中央农村工作领导小组办公室、农业农村部、公安部等 18 部门联合确定，全国共设 11 个国家城乡融合发展试验区，分别是浙江嘉湖片区、福建福州东部片区、广东广清接合片区、江苏宁锡常接合片区、山东济青局部片区、河南许昌、江西鹰潭、四川成都西部片区、重庆西部片区、陕西西咸接合片区、吉林长吉接合片区。本着基本覆盖全国各片区、体现城乡融合发展不同阶段特点、试验任务体现差异性的原则，课题组最终选择我国东北地区（吉林长吉接合片区）、东部地区（浙江嘉湖片区）、中部地区（河南许昌）、西部地区（四川成都西部片区）四大片区开展金融支撑城乡融合发展情况调研，全面了解我国不同地区城乡融合发展所处的阶段特征与融合场景，掌握各地金融部门及金融机构在推动城乡融合发展过程中的主要做法与典型经验，分析各自面临的问题与挑战，并尝试提出研究解决方案与对策建议。

本书是在课题结题成果基础上，经过进一步完善、修改并编辑出版的。在开展研究过程中，中国建设银行总行乡村振兴金融部于敏总经理、李小平处长、段玮坤女士，以及吉林省、浙江省、四川省、河南省地方金融办、金融监管局、人民银行、建设银行、农业银行、农村商业银行等金融机构，对课题组开展调研提供了大力支持，为课题顺利进展提供了必要帮助。农业农村部农村经济研究中心金文成主任多次对课题研究工作作出重要指导，王忠海书记亲自带队赴四川省指导调研工作，杨春华副主任对课题成果提出了重要建设性意见，为课题能够顺利通过结题评审提供了重要保障。此外，本书的出版还得益于国家社科基金重大项目"数字普惠金融支持乡村振兴的政策与实践研究"（22&ZD123）以及徐珍源博士获得的江西省"双千计划"金融类项目的大力支持，在此表示衷心的感谢。

金融支持城乡融合发展是当前和今后很长一段时期金融工作的重要领域与战略方向，是以金融强国建设助力全面强国建设的可行路径，也是以金融高质量发展全面推进中国式现代化和民族复兴伟业的重要支撑。希望本书的出版能够为我国完善城乡融合发展体制机制、构建城乡融合发展新格局、高质量推进城乡融合发展提供些许智力支持。祝愿城乡中国更加和美、更加和善、更加和谐！

2024 年 8 月 1 日